HISTÓRIA DO DESCANSO

Dados Internacionais de Catalogação na Publicação (CIP)
(Câmara Brasileira do Livro, SP, Brasil)

Corbin, Alain
　História do descanso / Alain Corbin ; tradução de Clarissa Ribeiro. – Petrópolis, RJ : Vozes, 2023.
　Título original: Histoire du repos
　Bibliografia.
　ISBN 978-65-5713-946-2
　1. Descanso – Aspectos sociais 2. História do descanso 3. Repouso 4. História do lazer I. Título.

23-154740　　　　　　　　　　　　　　　　　CDD-900

Índices para catálogo sistemático:
1. Sociedade : História 900
Eliane de Freitas Leite – Bibliotecária – CRB 8/8415

Alain Corbin

HISTÓRIA DO DESCANSO

Tradução de Clarissa Ribeiro

EDITORA VOZES

Petrópolis

© Éditions Plon, um departamento de Place des Editeurs, Paris, 2022.

Tradução do original em francês intitulado *Histoire du repos*.

Direitos de publicação em língua portuguesa – Brasil:
2023, Editora Vozes Ltda.
Rua Frei Luís, 100
25689-900 Petrópolis, RJ
www.vozes.com.br
Brasil

Todos os direitos reservados. Nenhuma parte desta obra poderá ser reproduzida ou transmitida por qualquer forma e/ou quaisquer meios (eletrônico ou mecânico, incluindo fotocópia e gravação) ou arquivada em qualquer sistema ou banco de dados sem permissão escrita da editora.

CONSELHO EDITORIAL

Diretor
Volney J. Berkenbrock

Editores
Aline dos Santos Carneiro
Edrian Josué Pasini
Marilac Loraine Oleniki
Welder Lancieri Marchini

Conselheiros
Eloí Dionísio Piva
Francisco Morás
Gilberto Gonçalves Garcia
Ludovico Garmus
Teobaldo Heidemann

Secretário executivo
Leonardo A.R.T. dos Santos

Editoração: Débora Spanamberg Wink
Diagramação: Sheilandre Desenv. Gráfico
Revisão gráfica: Luciana Quintão de Moraes
Capa: Felipe Souza | Aspectos

ISBN 978-65-5713-946-2 (Brasil)
ISBN 978-2-259-31158-8 (França)

Este livro foi composto e impresso pela Editora Vozes Ltda.

Sumário

Introdução, 9

1 Shabat e descanso paradisíaco, 15

2 O descanso eterno, base fundamental desta história, 25

3 Descanso e quietude, 33

4 O recolhimento, o retiro nos tempos modernos ou "a arte de se forjar um descanso", 47

5 A desgraça, momento de descanso, 67

6 O descanso no confinamento, 75

7 Comodidades e novas posturas do descanso nos séculos XVIII e XIX, 89

8 O descanso na natureza – Prelúdio, 97

9 O descanso da terra, 137

10 Descanso dominical e "demônio do descanso", 143

11 O cansaço e o descanso, 161

12 O descanso terapêutico do fim do século XIX a meados do século XX, 175

Conclusão, 185

Referências, 193

É nos momentos de descanso que sabemos o que pensamos.

Fala de Alain, 28 de julho de 1909

Introdução

"Ah, se eu tivesse sabido criar uma empresa, estaria hoje de pernas para o ar." A expressão me marcou. Eu estava conversando com um amigo da família. Era 1977. Ficar de pernas para o ar, não fazer nada e meditar. Isso me trouxe à memória um romance dos anos 1930, *Les Allongés* [Os deitados]. Falava-se ali de doentes, do cuidado necessário para suportar o mal. No pensionato, aos domingos, entre duas missas, nosso único tempo de descanso da semana deveria ser dedicado à correspondência com a família... Tantas reminiscências me vêm que falam dessa maneira, hoje perdida, de recuperar as forças.

Dizer ou dizer a si mesmo "Preciso descansar" é formular um desejo, um sentimento que consideramos, se não paramos para pensar, como a expressão de uma necessidade elementar, tanto do homem como do animal; a qual, de certa forma, escaparia à história. Ora, nada é mais falso do que isso. As definições, as figuras do descanso não pararam de variar ao longo dos séculos; e, com muita frequência, de se imbricar, de se superpor, de se combater. Evidentemente, não há semelhança entre o desejo de alcançar, um dia, o descanso eterno e o de desfrutar de um descanso que permita vencer o burnout.

Ora, eu me lembro desta frase muito ouvida quando ainda criança: "Não o atrapalhe, ele está descansando". Uma forma de gravidade, uma ponta de sagrado envolviam esses momentos. Sabíamos, contudo, que a pessoa referida não estava dormindo. Então, o que ela fazia? Mais tarde, no serviço militar, três comandos regulavam nosso comportamento: sentido, apresentar arma e descansar, repetidos a cada exercício ou agrupamento. As posturas marcavam três posições bem definidas. O descanso nem tanto, mas exigia uma tensão menor, como no esporte, quando se concede um tempo de pausa entre dois exercícios. O relaxamento. Este livro não se dedica a esses tempos específicos que definem um momento de evasão entre duas atividades. O objetivo é compreender a concepção de descanso de nossos ancestrais e tornar experimentável a vertigem do ser que a caracterizava.

Não se trata, neste livro, de reunir o fruto dos estudos, aliás em número bem restrito, voltados para esse objeto. Nossa intenção é, adotando um olhar panorâmico, identificar a gênese ou a eventual amplificação de figuras e de técnicas do descanso ao longo do tempo, tentando discernir o ponto alto de cada uma delas e seu eventual recobrimento. Então se desenharão períodos numa história feita de superposição, de inovação e de inércia, sob a forma de "destroços de cultura".

O descanso foi tão importante no mundo de antes que ele invadiu toda a criação artística. A pintura representou cenas em que se via um personagem recolhido em si mesmo, longe da labuta. A literatura também evocou esses instantes, nós veremos. Contudo, neste livro, eu quis privilegiar as fontes não ficcionais para analisar como as crenças sociais e humanas construíram-se, pouco a pouco, sobre o tema. Por isso eu deixei de lado, salvo raras exceções, as ficções.

O objetivo é, portanto, tornar compreensível o caminho que leva do tempo em que o descanso tinha identidade com a salvação, isto é, um estado de eternidade feliz, até o "grande século do descanso", que se estende, para simplificar, entre o último terço do século XIX e o meio do século XX. Então se somam, em intervalos maiores ou menores, a criação da nova figura hedonista das praias, o triunfo do descanso ao sol que a moda do bronzeamento simboliza, o descanso terapêutico praticado nos sanatórios, novos templos do descanso, e a magnitude, na França, da reivindicação das férias remuneradas, percebidas como tempo de descanso destinado a remediar o cansaço do trabalho.

Para seguir essas pistas, é preciso remontar à origem do descanso, àquela época distante que funda o mundo ocidental – os tempos bíblicos.

1
Shabat e descanso paradisíaco

A crença segundo a qual, ao fim da Criação contada no Gênesis, Deus teria "descansado" fundou e justificou por muito tempo, para as almas simples, o fato de se descansar no sétimo dia. Essa convicção refere-se ao descanso sabático dos judeus, que resulta de injunções diversas contidas no Êxodo, no Levítico e no Livro dos Números, não no Gênesis. O pretendido descanso de Deus, crença compartilhada por muitos cristãos mal-informados, não é, segundo a Igreja, o de um Criador cansado. A suposição estaria errada pois seria contrária à perfeição, à eternidade de Deus, e rebaixaria sua personalidade ao estatuto de certas criaturas suas. Aos olhos dos teólogos cristãos, o "descanso de Deus", celebrado no primeiro dia da semana (cf. *infra*) e não no sétimo, é "ímpeto criador" que inaugura uma nova "transferência de energia para a Criação", o começo de um ciclo. Em suma, descanso, aqui, não significa nada fazer[1].

Resta que a prescrição feita ao fiel de descansar no sétimo dia é reiterada na Bíblia. No Êxodo, Javé diz a Moisés: "Fala aos israelitas o seguinte: Guardareis sobretudo os meus shabats[2], porque o shabat é um *sinal entre mim e vós* por

---

1. Conferir o verbete "Repouso" em Jean Chevalier e Alain Gheerbrant (2000).
2. A edição citada opta por "sábado", mas a palavra "shabat" é mais adequada para esclarecer o argumento [N.T.].

todas as gerações, para que saibais que sou eu, o Senhor, que vos santifica. Guardareis o shabat, porque é sagrado para vós" (Ex 31,13-14). Essa palavra divina que ordena o shabat o constitui, de uma só vez, em sinal da Aliança entre Deus e seu povo e em tempo sagrado que tem o efeito de santificar o fiel. O que Javé falou a Moisés não para por aí: "Quem o violar [o shabat] será punido de morte. Se alguém nesse dia trabalhar, será eliminado do meio do povo" (Ex 31,14). O rigor das sanções prova a importância que Javé atribui ao descanso no dia do shabat; tanto é que ele reitera a injunção de punir com a morte. "Durante seis dias se trabalhará, mas o sétimo dia será [de descanso completo][3], consagrado ao Senhor" (Ex 31,15). Aqui está definido o sentido conferido ao sétimo dia na história

---

3. A tradução citada traduz por "será sábado" em vez de "será de descanso completo" [de repos complet], tal como é traduzido na *Bible de Jérusalem* (2001, p. 71), edição francesa consultada pelo autor [N.T.].

dos judeus, e nela os cristãos se inspirarão, mas, repito, modificando seu sentido. Esse dia não é um dia de descanso que vise a uma simples descontração; é, antes de mais nada, um dia consagrado a Deus, que sela uma "aliança perpétua"; "será um sinal perpétuo" (Ex 31,17). Nenhuma instância cristã se omitirá de dizer que o descanso dominical santifica o tempo desse dia.

Em vários dos livros posteriores, Javé repete a injunção. Assim, no Êxodo, ele precisa: no sétimo dia ficarás desobrigado, "seja lavoura seja colheita"[4]. Sobretudo, ele especifica de novo que será "para vós [os israelitas] *um dia santo* [...], *dia de descanso* consagrado ao Senhor". O essencial não é o descanso completo, mas sim o seu valor sagrado. "No shabat[5] não acendereis fogo em nenhuma de vossas moradas" (Ex 35,3).

---

4. O trecho, presente na edição francesa, não figura na edição brasileira citada [N.T.].
5. Cf. nota 2 [N.T.].

Deus volta ao assunto no Levítico. Ele renova suas injunções e faz do shabat "o dia da assembleia santa", o que aumenta a relevância do sétimo dia.

Os comentadores da Escola de Jerusalém indicam o que, em sua opinião, constitui o sentido do domingo cristão: esse tempo seria, para os fiéis, o primeiro dia da semana (cf. *supra*) em que se dá graças "àquele que criou e recriou o mundo [...], aquele que inaugura a eternidade"[6]. É importante acompanhar o entrelaçamento das interpretações do texto bíblico entre judeus e cristãos.

Voltemos à Bíblia e, mais precisamente, ao Levítico. Lê-se ali a criação, entre os "anos santos", de um "ano sabático". A fundação desse tempo associa a natureza à noção de descanso. Ordena Javé: "Quando entrardes na terra que

---

6. Comentário dos autores da *Bible de Jerusalém* (2001, p. 233).

vos dou, a terra observará um descanso sabático em honra do Senhor. Durante seis anos semearás o campo, durante seis anos podarás a vinha e colherás os produtos. Mas o sétimo ano será [sabático], um descanso absoluto para a terra, um [shabat][7] em honra do Senhor: não semearás teu campo nem podarás tua vinha. Não ceifarás o trigo guaxo, nem colherás as uvas da vinha não podada. Será um ano de descanso para a terra" (Lv 25,5). Além disso, esse "shabat da terra" terá por complemento, a cada quarenta e nove anos, um *ano jubilar*, precedendo o cinquentenário ao longo do qual, novamente, a terra permanecerá em pousio. Esse descanso da terra merece ser destacado, mas, segundo os comentadores, só se aplica à Terra Santa, especificamente; é por isso que a injunção não será retomada pelos cristãos.

---

7. Cf. nota 2 [N.T.].

Era necessário lembrar a origem bíblica, muitíssimo reiterada, da fundação do shabat imposto a Moisés, que os cristãos transformarão em um domingo, dia de descanso porque consagrado ao Deus criador (cf. *infra*).

Voltemos à leitura do Gênesis, pois discerne-se ali um outro descanso: o do homem que vive no centro do paraíso terrestre. Com efeito, é a Falta, seguida da Queda e do castigo de Adão e Eva, que implica a morte dos homens, a revolta dos animais, seu entredevoramento e a obrigação do trabalho duro. Para ser claro, refiro-me à epopeia mais célebre do século XVII: *O paraíso perdido* de Milton. O autor percebeu muito bem a importância do tema e descreveu a natureza do descanso paradisíaco de que o homem será privado no dia seguinte à Queda. Seu texto participa da composição do imaginário do descanso; é por isso que tem a ver com nosso objeto.

Milton traça a figura de um cansaço paradisíaco específico e, ao mesmo tempo, a de um descanso desconhecido pelos homens. Adão e Eva, durante o dia, dedicam-se à jardinagem "sob um tufo de sombra, que num verde / Ciciava suave junto a fresca mina", escreve Milton, "Se sentaram, e sem que afãs supérfluos / O jardim lhes pedisse, pr'a que o Zéfiro / Bem-vindo fresca paz trouxesse à paz, E sede mais sadia, e apetite / Mais grato" (MILTON, 2020, p. 156); sutil economia que define um descanso engrandecido por um doce cansaço; radicalmente diferente do cansaço que tornará imperativo, após a Queda, descansar. No coração do paraíso terrestre, era preciso apenas que o descanso fosse desejado, que fosse, de certa forma, uma "doce necessidade" a engrandecer o descanso de Adão e Eva em seu "berço" de folhagem inacessível a qualquer outra criatura.

Enquanto os animais brincavam, "eles descansavam inclinados na penugem macia de um leito adamascado de flores"; e "se entregavam, nus, não embaraçados pelas roupas que vestimos, aos carinhos naturais a esposos tão belos" (MILTON, 1995, p. 125-126)[8]; isso quando estavam sozinhos, o que colore esse descanso de uma emoção particular. Adão e Eva ignoram, então, como poderiam ser outras formas de descanso.

Já à noite, falando com Eva, Adão relaciona o descanso inefável deles ao da natureza: "Bela consorte, / A hora, e o que o sono mais cobriu / Lembra-nos igual pausa" (MILTON, 2020,

---

8. Neste trecho, não pude acompanhar a tradução supracitada, uma vez que a tradução para o francês utilizada no original é muito diferente, sendo ainda modificada por intervenções do autor. A tradução para o português verte esses versos da seguinte maneira: "àqueles frutos se entregaram, Nectarinos, que os ramos complacentes / Lhes cederam, caindo-lhes de lado / Nas penas do talude adamascado / Com flores [...] nem cortês fala, nem riso / Meigo faltavam, nem jogos de amor / Como convém ao par uno em nó noivos / E a sós" (MILTON, 2020, p. 156) [N.T.].

p. 167)⁹; é que Deus concedeu ao homem e à mulher o trabalho e o descanso como o dia e a noite, em alternância. Dito isso, as outras criaturas, sem ocupação, precisam menos de descanso do que o homem; assim é pois, no paraíso terrestre, uma obra foi confiada ao homem.

Milton lança-se então em um hino que exalta o amor conjugal, associado ao descanso noturno de toda a terra, vivido em um lugar inviolável, senão pela serpente. No dia seguinte ao castigo, quando o paraíso terrestre lhes será proibido, a primeira coisa que farão, segundo Milton (1995, p. 340), os esposos infelizes, será "escolher o lugar para seu descanso"¹⁰.

---

9. Na tradução de Chateaubriand: "Belle compagne, l'heure de la nuit, et toutes choses allées au repos, nous incitent à un repos semblable [todas as coisas, tendo ido descansar, incitam-nos a um descanso semelhante]" (MILTON, 1995, p. 133, grifo nosso) [N.T.].
10. No original: "Choisir le lieu de leur repos" [N.T.].

2
O descanso eterno, base fundamental desta história

Durante cerca de dois milênios, o descanso eterno foi uma obsessão e deu um sentido fundamental à noção de descanso. Os teólogos, os pregadores, os monges e os pastores de todas as categorias não cessaram de repetir que a vida aqui embaixo era pouca coisa e que o essencial residia na salvação, isto é, no acesso a um descanso paradisíaco em meio aos eleitos, entre os anjos que cercavam o Redentor, seu Pai e o Espírito Santo.

Daí a importância da *ars moriendi* (arte de morrer), das preces nos funerais, em que se canta o réquiem no momento central. Ele constitui o introito da missa dos mortos, que por isso tem por sinônimo "missa de réquiem". O texto desse introito é a prece pelo descanso da alma de um ou vários defuntos. O termo *requiem* é, em latim, o acusativo singular de *requies*, que significa "descanso". As primeiras palavras do introito são: "*Requiem aeternam dona eis, Domine*"; isto é: "Concedei a eles o descanso eterno, Senhor". Ao longo da história das missas de réquiem, acentuaram-se as referências ao Juízo Final, à ressurreição e à ameaça da danação eterna.

Preparar a salvação, isto é, escapar das garras do demônio evitando o pecado e ser movido pelo medo que ele inspirava, era essencial para uma vida. É por isso que os cataclismas naturais eram interpretados como punições enviadas por um Deus irado ou como sinais para jamais esquecer que o essencial residia na salvação, na obtenção do descanso paradisíaco.

No horizonte de tudo isso, a provação a ser superada antes da obtenção do descanso era o Juízo Final, que durante muito tempo pareceu estar próximo. Perto dos túmulos dos jacentes, o portal das catedrais e de outras igrejas evocava ou representava esse terrível dia em que os maus seriam lançados na Geena e em seus tormentos.

As esculturas romanas e góticas influenciaram as pessoas – talvez, é verdade, menos do que se diz –, instilando esse horror do castigo e o vívido desejo de chegar à companhia dos eleitos.

Antes do século XIX – e eu me refiro ao grande livro de Philippe Ariès e aos que se dedicaram ao tema da morte no século XVIII –, os defuntos não eram enterrados, como veio a ser o caso depois, em um túmulo individual. Esse privilégio era reservado às elites e aos membros do clero; no entanto, pensando facilitar o descanso à espera do Juízo Final, era usual colocar o defunto deitado; e todos guardam na memória os túmulos dos jacentes instalados nos templos.

Poderíamos pensar que tudo isso não é mais do que uma história muito antiga que foi tema da grande trilogia do historiador Jean Delumeau: *História do medo no Ocidente* (2009), *O pecado e o medo* (2003) e *Uma história do paraíso* (1994). Não é tão simples.

As cerimônias nas quais se canta o réquiem, as "missas de réquiem", ainda são muito celebradas nos dias de hoje, não obstante o recuo da prática. Muitos dos maiores músicos da contemporaneidade fizeram questão de inscrever seu réquiem em uma longa lista de obras-primas: Mozart, Berlioz, Verdi, Brahms, Fauré – autor de um *In paradisum* que ilustra magnificamente a doçura do descanso paradisíaco desejado pelo defunto.

Um dos grandes momentos musicais da história cristã dos defuntos está nos minutos finais da *Paixão segundo São Mateus*, de Johann Sebastian Bach. Após o corpo de Cristo ter sido posto no túmulo e a pedra selada, o coro dos fiéis repete: "Jesus, descanse em paz". E a história da Paixão termina com a reiteração, acompanhada da música mais sublime, da aspiração a esse "descanso em paz" que os fiéis desejam também para si mesmos quando a morte chegar.

No final do *Samson* de Händel, os membros do cortejo que conduz os despojos do herói para sua última morada, após a destruição do templo e a morte dos filisteus, desejam a ele um descanso "eterno e sereno", e mais uma vez é feita a associação do descanso à serenidade. Assim, a música sagrada, em dois de seus mais elevados ápices e sem que se trate de missas de réquiem, deseja ao defunto a serenidade do descanso.

Ao longo do século XVII, Bossuet, em seu sermão sobre a morte – um texto maior da literatura francesa –, soube clamar de maneira admirável o desprezo à vida terrestre e a aspiração ao descanso eterno; apenas um exemplo entre outros.

A análise do cântico de réquiem ajuda a compreender a importância do descanso eterno e a necessidade de tomá-lo como a base dessas "variações musicais" de um historiador sobre a multiplicidade das figuras do descanso; todas inspiradas pela existência de tempos curtos, frequentemente fragmentados, bem distantes do sentido de uma duração eterna. Um dado é recorrente: não se deve perturbar o "descanso dos mortos", sendo o pior a violação de sepulturas. Ofender sua memória não é jeito de respeitá-los; deve-se sempre "deixar os mortos descansarem"; e os cemitérios são às vezes chamados de "campo do descanso".

3
Descanso e quietude

> *Não há felicidade onde não há descanso, e não há descanso onde Deus não há*[11].
> Massillon

A figura do descanso segundo Pascal é extremamente complexa; e a fragmentação dos textos não facilita a tarefa do analista. Em primeiro lugar, segundo o autor dos *Pensamentos*, "nada é

---

11. A frase foi cunhada por Jean-Baptiste Massillon (1663-1742), autor de célebres sermões e máximas. Alain Corbin não indica uma referência bibliográfica precisa. A máxima original é a seguinte: "Point de bonheur où il n'y a point de repos, et point de repos où Dieu n'est point" [N.T.].

mais insuportável ao homem do que um repouso total, sem paixões, sem negócios, sem distrações, sem atividade". Pascal explica essa afirmação forte: o homem "sente então seu nada, seu abandono, sua dependência, sua impotência, seu vazio".

Ele especifica a gama dos horrores por que o homem passa no "descanso pleno": "Incontinenti subirá do fundo de sua alma o tédio, o negrume, a tristeza, a pena, o despeito, o desespero" (PASCAL, 1984, p. 70). O tédio tem, em seu coração, "raízes naturais". Ele enche "o espírito com o seu veneno" (PASCAL, 1984, p. 73). O leitor pensa então na ameaça da *acedia* medieval[12] e, sobretudo, nota a precisão dos múltiplos estados de espírito suscitados pelo tédio. O paradoxo é que "o homem que nada ama além de si mes-

---

12. A *acedia*, que atinge, em especial, muitos monges na Idade Média, é um mal psíquico denunciado pela Igreja, pois ameaça a fé e a esperança.

mo, por nada tem tanto ódio senão estar sozinho consigo mesmo" (PASCAL, 1954, p. 1.142).

Ameaçado pelo tédio, resultado do descanso pleno, o homem não cessa de se preservar dele pela diversão; isto é, pelo movimento, pelo "ruído", pela agitação, pelo "transtorno", pelo barulho, pelo jogo, que desviam o pensamento de sua infeliz condição.

Em qualquer estado, a ausência de "divertimento" torna o homem infeliz. O mesmo acontece quando ele se percebe na solidão. Em suma, é preciso sair e "mendigar o tumulto" para "impedir de pensar em si mesmo". Aos olhos do homem, sem divertimento "não há alegria, com divertimento não há tristeza" (PASCAL, 1984, p. 74).

Ora, assegura Pascal, o descanso, rejeitado, paradoxalmente é desejado; e sinceramente, do fundo da alma. Um instinto secreto instiga o homem ao descanso, enquanto se mantém ignorante quanto ao que é. De sua parte, Pascal (1984, p. 71) confidencia: "descobri que toda a felicidade dos homens vem de uma só coisa, que é não saberem ficar quietos dentro de um quarto".

Um instinto secreto instiga os homens ao divertimento, mas existe "outro instinto secreto, resto da grandeza de nossa primeira natureza, que os faz conhecer que a felicidade só está, de fato, no repouso, e não no tumulto; e, desses dois contrários, forma-se neles um intento confuso, que se oculta da vista no fundo da alma e os leva a procurar o repouso pela agitação" (PASCAL, 1984, p. 73); porém, mais profundamente, ao repouso em Deus. Com efeito, a conclusão dos *Pensamentos* que Pascal (1954, p. 1.171) dedica ao descanso é a de que "é preciso procurar Deus".

No século XVII, uma outra tensão manifesta-se e nos conduz a nos demorarmos em uma noção essencial para quem quer compreender o significado do que é qualificado como "descanso em Deus". Trata-se da *quietude*. Ela é, então, objeto de debate; e vem à lembrança a querela do *quietismo*, que fez discutirem teólogos, prelados, pregadores e devotos no fim do dito século. A quietude estava, naquela época, no âmago de nosso objeto. Ela colore com profundidade a noção secular de descanso em Deus. *Quies* significa "quietude", a qual, é claro, está totalmente dissociada da noção de cansaço; pensá-lo seria um grave anacronismo.

Passemos rápido pela genealogia da noção; destaquemos somente que ela se enraíza na gama de emoções dos místicos do século precedente. Teresa d'Ávila considera a quietude um grande dom de Deus, conferido quando se chega ao segundo nível da oração.

Nesse estágio, aquele que reza não atinge ainda o estado de arrebatamento, essa "felicidade da alma" que seria vivida posteriormente. Ao longo desse segundo nível, acende-se a faísca concedida por Deus; então, é o seu dom mais precioso: a quietude. "O dever da alma, no tempo em que dura essa quietude, é de nada fazer senão com suavidade e sem ruído", é evitar até as palavras de agradecimento a Deus. Assim se opera a união "da vontade e do descanso"; então se apagam as frases, os discursos, "todo ruído do entendimento". Logo, nesses momentos de quietude, Santa Teresa recomenda: *"deixe a alma repousar em seu repouso*, deixe o saber de lado". Nesse segundo estado, o orante põe-se inteiramente na presença de Deus, desejoso de que "a alma se faça tola" (D'AVILA; CROIX, 2012, p. 91-93)[13].

No século seguinte, Francisco de Sales inspira-se em Teresa d'Ávila, porém se demora mais longamente na noção de quietude. Sua *Introduc-*

---

13. Cf. a edição brasileira: Santa Teresa de Jesus (2011).

tion à la vie dévote [Introdução à vida devota], obra em que trata do assunto, teve um imenso sucesso; inumeráveis foram as meninas e mulheres que nela se inspiraram. Francisco de Sales define o estado de descanso que qualifica como quietude; detalha sua prática, os níveis dela; indica a maneira de conservá-la, pois o risco de perder esse estado é permanente. Para melhor explicitar seu pensamento, ele se funda nos textos do Evangelho.

Vejamos como define a quietude: a Sulamita[14] (SALES, 1969, p. 633) experimentou um estado de sua alma "em plena calma", "ela está toda tranquila e em repouso". Ora, ao longo da oração, "esse descanso supera por vezes em tanto sua tranquilidade, que toda a alma e todas as potências dela permanecem como adormecidas, sem fazer nenhum movimento nem qualquer ação,

---

14. A Sulamita é, na Bíblia, a amada do Cântico dos cânticos.

senão somente a vontade, que nada faz senão receber o conforto e a satisfação que a presença do Bem-Amado lhe dá"; e isso "sem sentir que sentimos" (SALES, 1969, p. 633).

A alma que, nesse *doce descanso*, desfruta desse delicado sentimento: "tranquilo em seu Deus não deixará esse descanso por todos os maiores bens do mundo". Assim, Madalena, aos pés de Jesus (SALES, 1969, p. 634)[15], escutava sua palavra santa: "Sentada com profunda tranquilidade, ela não diz palavra, não chora, não soluça, não suspira, não se move". Ela escuta. Jesus assegura "que ela escolheu a melhor parte, que não lhe será tomada"; e Francisco de Sales (1969, p. 634) esclarece que essa parte é "permanecer em paz, em repouso, em quietude diante de seu doce Jesus".

Depois ele explica como esse "descanso sagrado" é praticado. Como o bebê apegado ao seio, a

---

15. Alusão a um episódio que figura no Lc 10,19.

alma que está em repouso e quietude "suga quase sem perceber a doçura da presença [de Deus]" (SALES, 1969, p. 635), sem inquietude... Ela não tem razão de permanecer em repouso?, pergunta Francisco de Sales: nesse estado, ela se abandona ao gozo de uma presença... "todo o resto da alma permanecendo em quietude com ela" (SALES, 1969, p. 636).

A fim de conservar a quietude, é preciso evitar se comportar como essas pessoas que, "em vez de ocupar docemente sua vontade sentindo as suavidades da presença divina, empregam seu entendimento para discorrer sobre os sentimentos que têm" (SALES, 1969, p. 638). "A alma [...] a quem Deus dá a santa quietude [...] deve se abster tanto que possa de olhar para si mesma e seu descanso, que para ser mantido não deve ser olhado com curiosidade, pois quem a ele se afeiçoa o perde demais" (SALES, 1969, p. 638).

Outra injunção: se a alma não pode se impedir de se distrair com seu entorno, que ela "conserve ao menos a quietude na vontade". Sobretudo, que ela não se esforce "em trazer de volta as outras potências que se desgarram", como a imaginação, "pois ela perderia seu descanso" (FRANCISCO DE SALES, 1969, p. 639-640).

A sutileza dos caminhos da oração, o entrelaçamento da tranquilidade e da suavidade, a perdição da escuta de si e, antes de mais nada, o êxito de um descanso absoluto da alma não podiam ser silenciados por quem pratica o imperativo de uma história compreensiva do tempo passado. Ceder ao esquecimento contemporâneo da noção de quietude – mas não de seu antônimo: a inquietude – seria proceder mal para um historiador.

Em face a Fénelon e Francisco de Sales, ergue-se, durante a segunda metade do século XVII, a personalidade forte de Bossuet. Não causa surpresa ver esse irredutível inimigo do quietismo considerar o descanso com um olhar diferente. Ele não se exalta, salvo em raras alusões. Em seu sermão sobre a morte, Bossuet desvela com firmeza seu pensamento; é o da Igreja. O descanso é, desde o princípio, descanso eterno. A morte põe o homem à espera, em repouso; aquele que deixa seu "antigo edifício" – o corpo – está destinado a se tornar uma carne renovada. Deus, assegura Bossuet (1961, p. 1.084-1.085), "nos dá um apartamento, para nos fazer esperar em repouso pela reparação por inteiro de nosso antigo edifício".

Bossuet impressiona-se com a grandeza da regra monástica, em particular a de Bento e a de Bernardo de Claraval, personalidades admiráveis a seus olhos, às quais dedica vários panegíricos. Ora, ao lê-los, mal se fala de descanso no sentido como o entendemos neste século XXI. Os tempos de oração e de meditação bastam para restaurar a força necessária ao cumprimento das tarefas. No que concerne aos fiéis, Bossuet estima, em seu segundo panegírico de São Bento, que os "caminhos da perfeição" excluem o descanso, pois a viagem do cristão implica que este se mantenha "sempre sem fôlego"; é esse, ele assegura, o projeto do santo. Com efeito, a crença de ter alcançado o objetivo faz com que "se relaxe; o sono nos toma, perecemos". O cristão está permanentemente ameaçado por um "entorpecimento da alma" contra o qual deve lutar sem trégua. "Há em nós", assegura Bossuet, "uma parte lânguida que está sempre pronta para adormecer, sempre cansada, sempre onerada, que não procura mais do que *se deixar descansar*". "[Essa] parte lânguida e adormecida lhe diz [ao fiel], para convidá-lo ao descanso:

tudo está calmo, tudo está quedo[16]; as paixões foram vencidas, os ventos domados, todas as tempestades estão em acalmia, o céu está sereno, o mar unido, o barco avança por si mesmo [...]; você não quer *descansar um pouco*? O espírito se deixa levar, e cai no sono: assegurado diante do mar calmo [...], e deixa o barco seguir em abandono: os ventos se agitam, ele é submergido" (BOSSUET, 1961, p. 1.084-1.085).

As potentes metáforas marinhas e marítimas, que lembram sutilmente que a viagem no mar é um símbolo da vida do cristão vogando para a salvação, são características das referências ao mundo cósmico, tão entranhado na escrita de

---

16. No original, "accoisé". Ambas as palavras têm sua primeira aparição na Baixa Idade Média (no século XII para a francesa, na *Canção de Rolando*, e no século XIII para a portuguesa) e derivam do latim *quietus, a, um*, particípio de *quiescere*, que se traduz por "estar em repouso, repousar, descansar, estar quieto, tranquilo". Conferir o *Dicionário Houaiss de língua portuguesa* (2001) e *Le Trésor de la langue française informatisé* (1994) [N.T.].

Bossuet. Além do mais, a regra de Bento, a seus olhos "douto e misterioso breviário de toda a doutrina do Evangelho" (BOSSUET, 1961, p. 566), indica o risco, implicado pelo descanso, de sujeição da alma.

Essa tensão entre a exaltação da quietude, que é descanso em Deus, e a tentação do descanso, que é risco de naufrágio, ilustra a complexidade da noção de descanso na teologia católica do século XVII. Nós a reencontraremos no Século das Luzes quando, enquanto se associa à secularização da noção de descanso, crescem, em face da exaltação da quietude, os horrores da inquietude, tão bem analisados por Jean Deprun (1979).

4
O recolhimento, o retiro nos tempos modernos ou "a arte de se forjar um descanso"

Existe uma forma de descanso muito debatida nos séculos XVII e XVIII; é a que se alia ao "recolhimento" ou ao "retiro". Ela concerne aos homens e, bem secundariamente, às mulheres que "já tiveram seu tempo" e que devem se preocupar "com o tempo que lhes resta", para retomar uma formulação de La Rochefoucauld. No fim do século XVI, Montaigne, que volta várias vezes a esse assunto, inicialmente designa o tempo em que convém descansar como retiro. É um movimento em que o indivíduo diz a si mesmo: "Já vivemos bastante para os outros, vivamos para nós ao menos durante o pouco tempo que nos resta. Isolemo-nos e, na calma, rememoremos nossos pensamentos e nossas intenções". "Se nos faltam forças, recuemos e nos recolhamos" (MONTAIGNE, 1950, p. 279).

Frequentemente, é uma decisão difícil: "Não é nada fácil um retiro consciencioso"; "[preparemo-nos] para deixar este mundo, mãos à obra, arrumemos nossas bagagens. Com antecedência digamos adeus a todos" (MONTAIGNE, 1950, p. 280). Há temperamentos "mais ou menos predispostos a se conformarem com tais princípios". É difícil em particular para aqueles "cuja atividade e cuja necessidade de ação levam a se meter em tudo, a se apaixonar por tudo" (MONTAIGNE, 1972, p. 121).

Montaigne demora-se longamente na decisão, que devemos tomar, de se recolher em favor dos filhos. Um pai "acabrunhado pelos anos e as enfermidades, obrigado a viver afastado de tudo em virtude de sua saúde e da carência de forças", deve ter o desejo de "despojar-[se] das vestimentas […] e deitar-se" (MONTAIGNE, 1972, p. 188). Assim, ele aconselhou um cavalheiro "viúvo e muito idoso, mas bastante conservado", "que entregasse a casa a seu filho e se retirasse em uma de suas propriedades *onde ninguém lhe perturbaria o repouso*. Assim fez mais tarde e não se arrependeu" (MONTAIGNE, 1972, p. 189).

O essencial – que concerne às pessoas mais sábias – é *forjar um descanso para si*. Montaigne indica uma série de táticas que permitem atingir esse objetivo.

O recolhimento – ou o retiro – é, primeiro, abandono. Montaigne enumera o que é deixado para trás: quem se retira deverá "renunciar a qualquer trabalho, como quer que se apresente, e também de um modo geral evitar as paixões que perturbam a tranquilidade do corpo e do espírito, e 'escolher o caminho mais adequado a seu temperamento'" (MONTAIGNE, 1950, p. 284). "A disposição de espírito mais contrária à vida solitária está na ambição. Glória e repouso são incompatíveis entre si" (MONTAIGNE, 1950, p. 285). Convém, para uma pessoa estoica, "[viver] à sombra o tempo que [...] resta". Quem, "por desgosto ou aborrecimento, se retira da vida na sociedade deve guiar-se pelas regras da razão, e ordenar a nova existência com prudência e sensatez" (MONTAIGNE, 1972, p. 123). Ele deve se afastar de todo tormento.

No momento de recolher-se, cada um provê a seu descanso; o que implica "contentar-se consigo mesmo", "recolher-se em si", retirar-se em si mesmo, "viver por si mesmo", só pensar em si; "nada esposar além de si mesmo" (MONTAIGNE, 1950, p. 277, 279, 280 e 286). Dito isso, é "preciso não inventar tarefas nem ocupações senão dentro dos limites em que se impõem para nos manter em forma" e evitar os "incômodos" de uma "ociosidade que amolece e embota" (MONTAIGNE, 1972, p. 123). Assim, conclui, ler apenas livros "agradáveis e fáceis" ou "os que [...] consolam e [...] fornecem regras para orientar a vida e preparar [...] para a morte" (MONTAIGNE, 1972, p. 123). Em suma, é melhor preferir e refinar o apetite pelo que restou, pelo que a idade ainda não roubou.

A ocupação que se deve então escolher "não deverá ser nem cansativa nem aborrecida [...]. Depende ela da predileção natural de cada um" (MONTAIGNE, 1972, p. 123). Assim, Montaigne confessa detestar energicamente o cuidado com a casa e aconselha a quem projeta um "recolhimento pleno e preenchido" deixar para a criadagem "esse cuidado baixo e abjeto" (MONTAIGNE, 1950, p. 282).

Montaigne afasta obstáculos como o temor do descanso por medo de se deparar com o tédio ou de se afundar nele.

Um século mais tarde, La Rochefoucauld enumera com precisão "as razões naturais que levam os velhos a se retirarem da sociedade: as mudanças de temperamento, de fisionomia e o enfraquecimento dos órgãos, levam-nos insensivelmente, como a maioria dos outros animais, a se afastarem do convívio de seus semelhantes. O orgulho, que é inseparável do amor-próprio, faz neles as vezes da razão; eles não podem mais se orgulhar com muitas coisas com as quais os outros se orgulham; [...] viram morrer grande número de amigos [...] não têm quase mais participação na glória" (LA ROCHEFOUCAULD, s.d., p. 148-149).

"Cada dia que passa lhes furta uma parte deles mesmos; eles não têm vida suficiente para gozar o que possuem e muito menos ainda para alcançar o que desejam; à sua frente enxergam só tristezas, doenças e o rebaixamento; tudo foi visto e nada pode ter para eles o encanto da novidade" (LA ROCHEFOUCAULD, s.d., p. 149).

Tamanho pessimismo, no pensamento de La Rochefoucauld, pouco se ameniza com reflexões mais positivas. Restam, para os homens recolhidos, "despojados dos desejos inúteis", as coisas submetidas à sua vontade, das quais se aproximam ou se afastam como queiram e que fazem tudo depender deles. "Seu gosto […] volta-se então para os objetos mudos e insensíveis; as construções, a agricultura, a economia, o estudo", nos quais "são senhores de seus desejos e de suas ocupações" (LA ROCHEFOUCAULD, s.d., p. 149).

Mas há maior profundidade. La Rochefoucauld, referindo-se a Lucrécio e dirigindo-se ao recolhido: "Por que não te retiras da vida como um conviva satisfeito e não te resignas, idiota que és, *a recolher-se isento de preocupações?*". É óbvio que, naquele tempo, não é o cansaço que impõe o descanso senão o desapego, a ausência de preocupação, a fuga para longe da agitação. O descanso, nesse sentido, é relaxamento que permite ao ânimo regenerar-se, ao indivíduo adquirir sabedoria e serenidade; sem esquecer "a beatitude da alma que a consola de todas as perdas e a faz renunciar a todas as suas pretensões".

No que nos concerne, concordando com Montaigne, La Rochefoucauld estima que, "quando não se encontra o descanso em si mesmo, é inútil procurá-lo alhures" (LA ROCHEFOUCAULD, 1964, p. 488). Ele alude, todavia, ao "medo de se encontrar", o qual, em sua opinião, é único e mais grave do que o simples tédio.

Muitos moralistas dos séculos XVII e XVIII abordaram a noção de descanso. As próximas variações ilustram com frequência o que foi exposto. Segundo Madame de Sablé, como citado em *Moralistes du XVIIIe siècle* (1992, p. 247): "A posse de muitos bens não dá o descanso que existe em simplesmente não os desejar"; e, segundo Étienne-François de Vernage, "o descanso do homem depende da calma de suas paixões e da supressão das inquietações e dos cuidados supérfluos. É em vão que ele procura alhures" (*Moralistes…*, 1992, p. 278).

A profundidade das reflexões de La Bruyère destaca-se em meio a essa tropa. Ele clama que *"o melhor de todos os bens… é o descanso, o retiro [notemos a relação] e um lugar que seja sua posse"* (*Moralistes…*, 1992, p. 806). "A vida é curta e entediante: ela se passa toda a desejar. Projeta-se para o futuro seu descanso e suas alegrias, para esta idade em que frequentemente os melhores bens já desapareceram, a saúde e a juventude" (*Moralistes...*, 1992, p. 845). La Bruyère enfatiza o valor do descanso enquanto objeto de desejo; aos tolos, ele responde que desejem três objetos: "a saúde, o descanso e a liberdade".

Dufresny nota o quanto, em torno dele, o *descanso é objeto de desejo*, sobretudo para os cortesãos. Um deles, com 75 anos de idade, confiou-lhe: "Eu trabalhei muito, e só trabalhei para ter condições de viver descansado; eu espero descansar em alguns anos". Desiludido e irônico, Dufresny acrescenta: "Eu diria sem embaraço que os que têm essa personalidade trabalham até a morte, para descansar pelo resto de sua vida" (*Moralistes...*, 1992, p. 1002).

É o mesmo sentimento que Diderot, debochado, expressa um século mais tarde. Evocando os viajantes embarcados em um navio que está naufragando, tal como representado por Joseph Vernet em uma tela de que Diderot é o satisfeito proprietário, ele imagina os pensamentos de um deles, um "furioso" que se prometia ganhos relevantes ao fim da travessia: "Ele tinha meditado o descanso e o retiro; estava em sua última viagem. Cem vezes no caminho, tinha calculado com seus dedos o fundo de sua fortuna; tinha arranjado um modo de empregá-la: e eis então todas as suas esperanças traídas" (DIDEROT, 1951, p. 977).

O homem é igual a si mesmo seja no tumulto seja no descanso, escreve Diderot em seu *Ensaio sobre a pintura*; "e o momento do tumulto e o momento do descanso têm em comum", ele escreve, "que cada um se mostra então tal como é" (DIDEROT, 1951, p. 1179).

Na virada entre os séculos XVIII e XIX, Joseph Joubert retorna muitas vezes, em seus *Carnets* [Cadernos], tanto à velhice como ao descanso. Ele deseja: "Descanso para os bons! Paz para os tranquilos!" (JOUBERT, 1994a,

p. 152). O primeiro desses dois estados é essencial a seus olhos, pois "a privação do descanso tem um grande sentido para a alma. O descanso não é um nada para ela. Ele representa um estado em que ela está unicamente entregue a seu próprio movimento sem impulsos estrangeiros" (JOUBERT, 1994a, p. 621), longe da agitação: "A desilusão na velhice é uma grande descoberta" (JOUBERT, 1994b, p. 393).

Retomando uma reflexão iniciada pelos moralistas que o precederam, Joubert (1994b, p. 444) assegura que "trabalhar para não ter nada que fazer, é para isso que a vida humana se passa. O movimento leva ao repouso, conserva em si, se nutre de si mesmo". Essa exaltação do descanso conjuga-se à exaltação da velhice, que tem sabedoria. "Vizinha da eternidade, [ela] é uma espécie de sacerdócio" (JOUBERT, 1994b, p. 476).

* * *

Carlos V

Paremos por um instante para uma respiração dedicada ao exemplo de retiro mais célebre do século XVI: o de Carlos V, no dia 18 de setembro de 1555. A figura do descanso é envolvida por vários desejos presentes na natureza desse retiro: ali se misturam renúncia, desapego, arte de bem morrer e sede de descanso. Carlos V tem então 55 anos. Lembremos que, naquela metade do século XVI, os dois outros principais monarcas, Francisco I e Henrique VIII, faleceram aos 52 e 55 anos.

Muitos fatores explicam o retiro de Carlos V. Em primeiro lugar, a tentação do retiro era uma tradição entre os soberanos espanhóis; ela pertencia à hispanidade cristã. Quanto a Carlos V, ele nutria o projeto de renúncia há bastante tempo; tinha-o explicitado desde 1535. Além do mais, sua saúde estava muito degradada. Desde os 30 anos, sofria de gota. Desde os 47, segundo os observadores, parecia um velhaco, com a mão paralisada, a perna quase sempre vergada. Sofria de diabetes.

A religião ocupava um lugar enorme em sua vida. Praticava o jejum, a maceração, por vezes a flagelação. Gostava de orar em um monastério.

Carlos V tinha preparado seu projeto de retiro e escolhido o lugar onde queria se recolher havia muito tempo. Entre as três tradições às quais estava ligado por seus ancestrais – a borgonhesa, a austríaca e a hispânica –, escolheu a última e decidiu se recolher perto de um monastério da ordem de São Jerônimo – especificamente espanhol –, o de Yuste, situado na Estremadura. Todavia, é em Bruxelas que, no dia 25 de outubro de 1555, renuncia solenemente à longa lista de seus encargos e poderes[17] em prol de seu filho Felipe II, então rei consorte do reino da Inglaterra enquanto esposo da Rainha Maria Tudor.

A viagem com destino ao monastério do Yuste foi dificultada por uma

---

17. Com exceção de seu título de imperador, que era eletivo e do qual não podia dispor livremente. Nós seguimos neste curto quadro os livros dedicados à vida de Carlos V, em especial o admirável estudo de Pierre Chaunu e Michèle Escamilla (2000, 2013, 2020).

metereologia desgastante e atrasos na construção de seu pequeno retiro. Com efeito, Carlos V não se fez monge como por vezes se sugere, mas instalou-se nas redondezas do monastério do Yuste, em um imóvel modesto, embora mobiliado confortavelmente, decorado com oito telas de Ticiano e lembranças de família.

Durante os poucos meses de sua estada, Carlos V gozava de um acesso direto ao monastério e podia, de seu aposento, assistir aos ofícios. Ele desfrutou então de um descanso, distante da agitação do mundo? Sem dúvida, parcialmente, mas a resposta a essa questão não é simples. Seu recolhimento não era completo: uma série de missivas, de relatórios, de requisições mantinham-no informado sobre os acontecimentos do mundo, tanto da vitória de Saint-Quentin como da perda de Calais para a Inglaterra, que deplorou com veemência. Porém, mais do que as eventuais ameaças às fronteiras, foram os progressos do luteranismo, no âmago na Espanha, que suscitaram sua mais intensa ira.

Ao longo de seu retiro em Yuste, ele se preparou para uma morte santa. O imperador de outrora, é preciso repetir, acompanhava regularmente os ofícios do monastério: missas, vésperas e completas. Escutava todos os dias um ou vários sermões, ouvia leituras da Bíblia. Antes de se deitar, recitava uma longa oração. Seu confessor, permanentemente a seu lado, ocupava bastante espaço em seu modesto domicílio.

Carlos V dispunha de uma pequena biblioteca que lhe permitia muitas leituras devotas, em particular da tradição borgonhesa. Ele podia passear regularmente no pequeno jardim que cercava sua residência.

No dia 21 de setembro de 1558, não foi nem a gota nem a diabetes que o levou, mas sim a malária que assolava a Estremadura setentrional. Seu fim foi edificante. Ele pediu aos assistentes que o ajudassem a morrer e se foi pronunciando o nome de Jesus, às 2h da madrugada.

Era conveniente dedicar-me a essas poucas páginas, inseridas em um volume dedicado ao descanso? Pode-se duvidar, mas é também possível que Carlos V, depois de ter vivido tanta agitação, tenha encontrado no Yuste, no dia seguinte à sua renúncia, um desapego que, para ele, assemelhava-se ao descanso.

5
A desgraça, momento de descanso

Nós abordaremos agora o sutil estatuto do descanso imposto pela desgraça. No decorrer dos séculos XVII e XVIII, principalmente no reino da França, ela teve uma importância essencial na sociedade de corte. A desgraça consistia na privação da presença do rei. Ser desgraciado era, para um aristocrata, a interdição de aparecer na Corte, o dever de renunciar ao tumulto da vida parisiense e a obrigação de se recolher em seus domínios no campo. Eu fiz um comentário, há alguns anos, sobre a noção desse tipo de território que herdou uma parte de seus traços das representações da desgraça (CORBIN, 1993).

Na sociedade de corte, ela era então considerada um inferno, um exílio interior que condenava a vítima à letargia, a uma morte simbólica. O afastamento do tumulto parecia levar aos horrores do tédio. A desgraça era caracterizada pela ferrugem, pelo mofo. O temor de ser esquecido pela Corte e pela cidade acentuava as dores do afastamento.

Ora, se nos referirmos a Pascal, a desgraça torna-se momento de descanso – pois, doravante, "ninguém os impede [os desgraciados] de pensar em si mesmos" (PASCAL, 1954 p. 1.144). O exílio pode transformar-se em deserto que autoriza o florescimento do espaço interior. Assim se desenha a imagem de um descanso que compensa os sofrimentos da desgraça: o ócio imposto facilita a reflexão e autoriza novas maneiras de desfrutar da vida, longe da agitação e do tumulto, sem com isso apagar os remorsos.

A leitura de muitos testemunhos permite discernir a sutileza desse descanso. Com efeito, no decorrer da desgraça, a troca epistolar era estimulada pelo afastamento, a escrita de si enriquecida pela ausência de agitação; o que, de uma certa maneira, reatava sutilmente com práticas epistolares antigas. A desgraça podia, além do mais, dar chance a passeios, a encontros sociais que, em miniatura, reproduziam os da Corte, ou ao interesse pela restauração de um ou vários castelos; dados que, em certo sentido, evocam o *otium cum dignitate* da Antiguidade romana, tingida de resignação estoica.

A título de exemplo, a longa correspondência trocada entre Bussy-Rabutin[18] e a marquesa de Sevigné permite discernir o complexo entrelaçamento psicológico que caracteriza, durante o sofrimento pela desgraça, o recurso primeiro às práticas do *otium* e, para além disso, a renúncia, a resignação e o prazer de um descanso compensatório, que liga seu caso a nosso objeto.

Bussy-Rabutin, primo da marquesa, homem de guerra valoroso, foi desgraciado desde 1659 por Luís XIV por ter revelado em seus escritos a conduta do rei. A Corte e a cidade foram-lhe proibidas. Ele deveria se recolher em seus castelos da Borgonha. Tentemos condensar sua escrita prolixa. Bussy-Rabutin considera a desgraça um exílio, mas reconhece que ela permite desfrutar da vida de outra maneira, diferente da agitação

---

18. Nós escolhemos como fonte Sévigne (1974), apenas uma em meio à ampla produção da escrita de si de Bussy-Rabutin.

da Corte e do tumulto da cidade. À espera do "retorno da graça", cuida de seus castelos e embeleza-os, procedendo a "ajustes"; recebe mil visitas; vai a Dijon, onde funciona uma sociedade de corte em tamanho reduzido. Ele prova do regalo dessa "pequena regência". Emociona-se com as mostras de fidelidade que lhe chegam de Versailles. Resigna-se a constatar que, no fim das contas, é mais bem tratado do que outros desgraciados. Evoca, a propósito, os companheiros de Nicolas Fouquet, o faustoso superintendente das finanças aprisionado em Pignerol.

O que concerne propriamente a nosso objeto é que Bussy-Rabutin alia a resignação ao descanso. No dia 12 de agosto de 1680, ele confia à marquesa: "A duração de minha desgraça me tornou indiferente a tudo o que tange à minha fortuna, e em nada penso senão em viver bem e me alegrar… Porque Deus desejou assim, eu gosto tanto da vida doce e tranquila que levo há alguns anos como de uma vida mais agitada. Já fiz barulho o bastante outrora" (SÉVIGNÉ, 1974, p. 1045).

Esse afastamento da agitação, que teria alegrado Pascal, satisfaz a marquesa, que confia a Bussy-Rabutin dezesseis dias mais tarde: "Eu sinto uma grande alegria [...] que você esteja enfim descansando em seu castelo, filosofando e moralizando com proveito, pois não se pode pensar corretamente, como você o faz, sem estar bem armado e protegido contra as cruéis teimosias da fortuna" (SÉVIGNÉ, 1974, p. 1062); e Bussy-Rabutin responde-lhe, no dia 4 de setembro: "Quanto a reflexões, nós as temos tantas quanto uma grande ociosidade pode permitir" (SÉVIGNÉ, 1974, p. 1070). Em suma, ele demonstra que, desde então, superou os pesares da agitação e os horrores da desgraça, para, após a resignação, abandonar-se a um descanso verdadeiro.

Em uma curta passagem por Paris, efetuada com a permissão do rei, ele confia a Madame de Sévigné, no dia 25 de junho de 1680 – ano muito interessante por conta das mudanças que ocorrem em Bussy-Rabutin: "Pelos males que esta Providência me fez, arruinando minha fortuna, por muito tempo estive sem querer acreditar que tivesse sido para o meu bem, como me diziam meus diretores[19]; […] eu não digo somente por meu bem no outro mundo, mas ainda para meu descanso neste aqui" (SÉVIGNÉ, 1974, p. 986).

---

19. Os "diretores" são, aqui, é claro, os "diretores de consciência", seus confessores.

6
O descanso no confinamento

A reclusão pode engendrar o descanso pela coerção? Nada mais duvidoso. Enfatizemos, primeiramente, que nossa noção de reclusão e seus laços com o descanso não concernem aos monges que se põem em reclusão para melhor se dedicarem à oração e garantir a salvação longe da agitação do mundo. Estes se viam com frequência obrigados a um tempo de trabalho que não os fazia esquecer sua espera do descanso eterno.

Os indivíduos encerrados em uma prisão raramente assumem a perspectiva do descanso; de Silvio Pellico ao Príncipe Napoleão, aprisionado no forte de Ham, alguns escreveram sobre sua experiência ou suas reflexões políticas. A prisão teve um papel importante na concepção da vida e da obra do marquês de Sade sem que a noção de descanso pareça importante.

Totalmente diferente é o caso do simples confinamento, voluntário ou não, temporário ou não, provocado por acidentes da natureza, decisões sanitárias ou regulamentares, até mesmo unicamente pela vontade do indivíduo. Gontcharóv (2020) fez de um caso fictício, extremo, inesquecível, o eixo do romance *Oblómov*. Consideremos alguns casos documentados de confinamento real. Montaigne diz ter encontrado um indivíduo que se tinha confinado voluntariamente durante longos anos e até a morte. Segundo o autor dos *Ensaios*, ele era vítima da melancolia. O leitor pode pensar que se tratava, para esse recluso, de fugir da agitação do mundo e desfrutar de si na tranquilidade. Além da agitação, também a inconveniência ameaça o descanso. Assim, o século XVII é marcado pela ojeriza aos "impertinentes".

Trata-se de Jean d'Estissac, decano de Saint-Hilaire de Poitiers. Nenhuma referência é feita, nesse caso, a uma iniciativa suscitada pelo desejo do eremita, isto é, de uma solidão totalmente consagrada a Deus.

"[Q]uando entrei em seu aposento, havia vinte e dois anos que não saía dele, e no entanto tinha os movimentos livres e fáceis e somente sofria de um defluxo que lhe passara ao estômago. Estava sempre só, fechado no quarto. Uma vez por semana permitia que entrassem para visitá-lo; um criado trazia-lhe a refeição uma vez por dia, mas devia entrar e sair apenas. O resto do tempo passeava no quarto e lia [...] Disposto a assim continuar até a morte, faleceu pouco depois [em 1576]" (MONTAIGNE, 1972, p. 189).

O confinamento pode resultar de um fenômeno natural. É o que suscitou uma das obras-primas da literatura francesa, o *L'Heptaméron* de Margarida de Navarra. Ainda que participe do imaginário do descanso no confinamento, pareceu legítimo citá-lo neste livro na medida em que "ele se insere na tradição das narrativas de clausura em lugares preservados das misérias e feiuras do mundo"[20].

Nesse caso imaginário, o confinamento é coletivo e alcança a cessação da agitação, um descanso cheio de distrações. Uma pequena assembleia de homens e mulheres que pertencem à aristocracia, cuidando da saúde em Cauterets,

---

20. O autor não indica a referência da citação [N.T.].

vê-se confinada pelo transbordamento do *gave*[21]. Após a morte de alguns deles, os sobreviventes refugiam-se em um monastério antes de serem, nos dias que se seguem, acolhidos pela "bondosa Dama Oisille[22]". Depois a cheia avoluma-se. A partir de então, os reclusos procuram alguns passatempos para "aliviar o tédio", que é suscetível de causar a doença da tristeza.

Um dos que estão reclusos, Hircan, constata que os hóspedes da Dama Oisille, "mortificados", precisam de um passatempo, após o jantar e até as vésperas, "que não seja danoso para a alma e que seja agradável para o corpo", e assim "passarão o dia alegremente". Em suma, Hircan

---

21. *Gave* é o nome emprestado aos córregos e rios dos Pirineus, no sudoeste francês [N.T.].
22. O nome remete, por sua sonoridade, às palavras *oisive*, que significa "ociosa", e *asile*, que significa "asilo". Além disso, parece uma corruptela da palavra *oiselle*, que significa tanto um pássaro fêmea como uma jovem na flor da idade [N.T.].

propõe transformar o confinamento em tempo de prazer e de descanso para a alma.

Um outro, Parlamente, acrescenta uma proposta precisa, inspirada na literatura italiana: que "todos os dias, desde o meio-dia até as quatro horas, nós adentrássemos esta bela pradaria pela margem do córrego do Gave, onde as árvores são tão frondosas que o sol não poderia penetrar na sombra, nem esquentar o frescor, e ali sentados à vontade, cada um contará uma história". "Ao fim de dez dias, nós teremos chegado à centena" (MARGARIDA DE NAVARRA, 2000, p. 64, 66 e 67).

A partir do dia seguinte, a assembleia formada de pessoas ameaçadas pelo tédio, por conta da privação de seus passatempos habituais, estava sentada na grama "tão suave e delicada que não lhes era preciso nem almofada nem tapete". Essa postura, nesse tempo de confinamento, combina a prática da religião – visando ao descanso da alma – com o alegre descanso do corpo em meio ao campo verdejante; e as histórias sucedem-se...

Na literatura francesa, o mais célebre texto provocado pelo confinamento propriamente dito ainda é *Voyage autour de ma chambre* [Viagem ao redor do meu quarto], de Xavier de Maistre (2003)[23]. Com efeito, esse militar em detenção num quarto durante quarenta e dois dias não sofre a verdadeira reclusão, a de um culpado encerrado em uma prisão. Xavier de Maistre aproveita esse tempo de isolamento para viver um descanso que devemos analisar.

Ao se ler o texto no qual relata os prazeres do confinamento, só se pode pensar nos escritos de Pascal sobre as benesses do descanso no quarto. Naquele fim do século XVIII, a doutrina dos

---

23. A edição citada pelo autor conta com apresentação e notas de Florence Lotterie, sendo a apresentação mencionada mais adiante [N.T.].

temperamentos, que associava a circulação dos humores aos traços de caráter, estava em declínio; mas, no caso de Xavier de Maistre, fica claro que o autor podia estar entre os seres dotados de um temperamento linfático; categoria de indivíduos atraídos pelo descanso. A propósito dele, Florence Lotterie fala de "indolência sorridente". Xavier de Maistre – dotado, aliás, de uma sólida cultura clássica – amava as delícias do flanar, isto é, um tipo de passeio aparentado ao descanso.

Depois de ter vivido uma juventude tranquila, a existência de Xavier de Maistre em meio às forças armadas russas foi pontuada por tempos de descanso. Nota-se, lendo sua biografia, uma tensão entre a itinerância e o confinamento. Como farão mais tarde muitos escritores do século XIX, Xavier de Maistre desfrutava a olhos vistos da "viagem imóvel"; ele experimentava a tentação do espaço fechado como "refúgio escolhido e estável", que permitia o descanso longe da agitação vã[24].

Nessa perspectiva, o quarto impõe-se por excelência como lugar de descanso. É por isso que ele se situa, sobretudo nestes tempos em que crescem os atrativos da vida privada, no centro de nosso tema. Ele é muralha, refúgio, lugar de prazeres vividos na solidão, de uma forma particular de descanso; não se trata aqui especificamente da cama, do sono, nem mesmo das sensações hipnagógicas que precedem ao sono e não podem ser identificadas ao tempo de descanso[25].

O descanso a que nos referimos resulta dos prazeres da solidão no quarto. O lugar tem uma relação harmônica com a consciência do sujeito; daí uma forma específica de descanso. Este

---

24. Sobre todos esses pontos, ver na obra supracitada a apresentação de Florence Lotterie, em especial p. 18 e 20.
25. As sensações hipnagógicas são aquelas que conduzem ao sono num momento em que a consciência está ainda presente.

assume características em função da presença de objetos familiares que, com frequência, contam uma história de família ou, pelo menos, são testemunha, por sua estabilidade, do passado pessoal. Essa referência à história da família e de si fala com o indivíduo encerrado em seu quarto, sendo um obstáculo à deslocação do ser.

Contentemo-nos, por enquanto, em evocar o roupão. Ele se impõe, nesse período, com uma força particular entre os muitos objetos que simbolizam e até mesmo materializam o descanso. O sofrimento por que Diderot passa quando separado de seu velho roupão manifesta o laço antigo com um hábito que, por excelência, é o símbolo do descanso.

"Por que não tê-lo guardado?", escreve. "Era feito para mim, e eu para ele. Moldava-se a todas as curvas de meu corpo sem incômodo; eu ficava pitoresco e bonito [...] Não havia nenhuma necessidade a que sua complacência não se prestasse […]. Sob seu abrigo, eu não temia nem a falta de jeito de um valete, nem a minha, nem os clarões do fogo, nem a queda d'água. Eu era o mestre absoluto de meu velho roupão […]. Onde está meu antigo, meu humilde, meu cômodo corte de lã?" (DIDEROT, 1951, p. 973-974).

É no extremo fim do século XIX, depois que Hugo e, mais ainda, Baudelaire declararam ter desfrutado disso, que o poeta belga Georges Rodenbach analisa o discurso do quarto e de seus objetos com o máximo de talento. É no quarto que a sensação do descanso se impõe com uma força particular, em certos momentos, por meio de certos rituais. A propósito, Xavier de Maistre enfatiza a sensação experimentada ao acordar e o sabor particular do café da manhã. Alguns despertam os prazeres do descanso, vivido e experimentado em um lugar preservado da agitação, das feiuras e das misérias do mundo.

É claro, à conveniência e à comodidade do lugar acrescentam-se os objetos concebidos para o descanso, aos quais retornaremos (cf. *infra*).

Xavier de Maistre descreve com precisão certos gestos que expressam o descanso e acentuam a sensação. Leiamos o autor: "Confesso que adoro desfrutar desses doces instantes [do despertar] e que prolongo sempre, tanto quanto possível, o prazer que encontro em meditar no doce calor da minha cama". Em outro momento, ele insiste no prazer "de se sentir sonolento", que caracteriza como "prazer delicado e ignorado por muitos. Está-se desperto o bastante para perceber que não completamente e para calcular confusamente que a hora dos negócios e dos tédios está ainda na ampulheta do tempo" (MAISTRE, 2003, p. 50 e 67).

Eis outra qualidade do descanso, ainda mais forte: se acreditarmos em Xavier de Maistre, ele intensifica a amizade – curiosamente, o autor não fala de amor. Evocando um de seus amigos, que havia falecido recentemente, em um momento deplora: "nossa ligação se estreitava ainda mais no descanso e na tranquilidade!" (MAISTRE, 2003, p. 81).

Para concluir quanto ao laço entre o quarto e o descanso, escutemos ainda Xavier de Maistre (2003, p. 133) assegurar que "nessa região deliciosa, que encerra todos os bens e todas as riquezas do mundo", operou-se "uma mudança em suas ideias e em seus sentimentos".

7
Comodidades e novas posturas do descanso nos séculos XVIII e XIX

O confinamento pode ser associado ao desejo de conforto. É o que indica La Bruyère ao pintar o retrato de Hermippe, que em todas as coisas busca "suas pequenas comodidades" indispensáveis à qualidade de seu descanso. Ainda que seja uma ficção, contornemos nossa decisão de evitar utilizá-la como prova da prática.

Hermippe "vê a cama sendo feita" e pergunta-se "que mão habilidosa o bastante ou feliz o bastante poderia fazê-lo dormir como quer dormir". Preocupado com a qualidade de seu descanso, ele trabalha seus gestos, suas posturas, desejando poupar-se de todo "movimento a mais". "Ele dava dez passos para ir de sua cama ao guarda-roupa, agora não mais do que nove pela maneira como soube arrumar seu quarto, quantos passos poupados no decorrer de uma vida!" (LA BRUYÈRE, 1995, p. 545).

La Bruyère evoca a busca de "pequenas comodidades". Ora, um pouco mais tarde, ao longo do século XVIII, o termo assume um sentido mais amplo. A procura de comodidades que visam favorecer a qualidade do descanso intensifica-se. Trata-se de refinar progressivamente novas formas de repouso. É que nessa época, escreve Georges Vigarello (2019)[26] em um texto admi-

---

26. Nós seguimos de perto esse artigo.

rável dedicado ao tema, acentua-se a experiência do homem sensível com o desejo cada vez mais intenso de perceber-se; daí a maior concentração no ambiente imediato, a fim de melhorar a qualidade do descanso e, sobretudo, refinar todas as sensações que o definem, assim como os acessórios que ajudam a provocá-lo.

O conforto, nesse conjunto de processos, é a procura inédita de facilidades para adaptar o espaço externo à nova textura do espaço interno, para refinar a maneira de habitar a fim de experimentar prazeres particulares, permitindo novas posturas de descanso.

"Atitudes se recompõem", escreve Georges Vigarello, "*o descanso se mostra de outra maneira*"; um novo mobiliário adapta-se ao progressivo "abandono corporal" e mesmo à "ostensiva indolência". Outrora, o assento vertical, por sua firmeza, impunha que as costas ficassem eretas, as pernas verticais. Ora, eis que os assentos-receptáculos visam doravante aumentar o conforto e a satisfação e tornam-se móveis de descanso.

Georges Vigarello descreve com precisão as etapas iniciais desse processo que, por um jogo de interações, acarreta novos desejos corporais, novos "intuitos do descanso". Em primeiro lugar, elaboram-se nos assentos suportes para as costas. Senhorita Clairon, atriz, adota nessa época uma postura reclinada, "indolentemente estendida em uma *chaise longue*[27], os braços cruzados, os olhos fechados imóveis" (VIGARELLO, 2019, p. 645).

Então, esse novo móvel, também batizado de "duquesa", permitia conservar a posição sentada e estender as pernas em uma base que prolonga o assento, com um espaldar levemente inclinado.

---

27. Literalmente "cadeira longa", móvel parecido com o divã [N.T.].

Diz-se *chaise longue* pois o móvel comporta oito pés que permitem sustentá-lo. Portanto, é possível acomodar-se na tal *chaise longue*, e o descanso revela-se de maneira nova ao espectador; ele manifesta um abandono corporal, agora ostensivo.

A cadeira de balanço, de origem inglesa, constitui uma nova etapa no processo de intensificação e de ostentação das posturas de descanso. Seu balanço e a possibilidade que oferece de voltar o olhar para o céu conferem ao descanso novas sensações felizes. Aqui, o embalo, evocando uma postura infantil do descanso, é uma nova comodidade. No correr das décadas, a cadeira de balanço aperfeiçoou-se a fim de, ao mesmo tempo, intensificar e modular as posturas de descanso. A confecção do espaldar redondo, depois o estofamento, a maior amplitude das formas, a multiplicação das curvas e a adaptação de almofadas fizeram com que o assento, escreve Georges Vigarello (2019, p. 647), pouco a pouco "se afundasse deliberadamente com o peso do usuário". A questão não é mais a firmeza, senão a maciez das espessuras; resultado do processo: o sofá canguru apareceu na América. Ele esposa as formas do corpo: "afundamento da bacia, arcatura do pescoço, dobra do joelho" (VIGARELLO, 2019, p. 647).

Depois veio o tempo do assento adaptável, esposando a variabilidade possível das posições de descanso. Não é mais a poltrona, senão o indivíduo que dirige o amolecimento do corpo, a posição de descanso. No final do século XIX, no convés dos cruzeiros aparece a espreguiçadeira, símbolo por muito tempo do móvel de descanso adaptável, cuja flexibilidade estava prometida a um longo sucesso, pois no século XX, como se sabe, ela invade praias e coberturas. Sem esquecer da rede, que alimentou um imaginário em que a alma e o corpo deixam-se abandonar ao langor numa atmosfera propícia à sensualidade[28].

Essa breve história dos objetos confortáveis modelados pelas formas do descanso inspira a noção de relaxamento, que substitui aquela, mais antiga, de quietude, ligada ao descanso em Deus, muito afastada do que foi exposto aqui e cujo móvel emblemático era o banco sobre o qual se reza, ainda muito presente nas residências burguesas dos séculos XIX e XX.

Haveria ainda um outro objeto de estudo concernente à modificação das texturas do descanso: trata-se da história de suas posturas… e todos guardam na memória as do yoga. É uma história que vai além de nossa proposta. Evoquemos, para que eu seja claro, o que Xavier de Maistre compartilha em sua *Viagem ao redor do*

---

[28]. Sobre esse tema, ler o belo artigo de Sébastien Rozeaux (2020).

meu quarto. Quando de seu confinamento, ele inventa posturas de descanso e tranquilidade. Assim, acomoda-se em sua poltrona com "seus dois pés anteriores [...] elevados a duas polegadas do chão"; depois se balança da direita para a esquerda, movendo a poltrona para a frente. Mais audacioso é o que descreve como "postura de descanso e de espera": "Eu me deixei escorregar até a beira de minha poltrona e, colocando os dois pés sobre a lareira, esperei pacientemente o descanso. É uma atitude deliciosa" (MAISTRE, 2003, p. 60, 71-72).

8
O descanso na natureza
Prelúdio

Além das referências de filósofos, já evocadas, outras, antigas, mais ou menos reivindicadas, marcaram as figuras do descanso que constituem nosso objeto. Assim, os modos de repouso apresentados por Virgílio (1997) em suas *Bucólicas* e, secundariamente, nas *Geórgicas* assombraram muitos autores desde o Renascimento e ainda por muito tempo, como prova a tradução das

Bucólicas de Paul Valéry (1957), acompanhada de *Variações* sobre essa obra-prima.

Nós deixaremos de lado a tradição do arcadismo, pois, por conta de sua dupla face, calma e violenta, ela não faz efetivamente parte de uma história do descanso. Quanto ao idílio e à influência de Teócrito, ainda que seja possível considerá-lo o inventor do gênero bucólico, ao lê-lo as figuras do descanso mostram-se menos variadas e menos intensas do que nas obras de Virgílio.

Este apresenta figuras de um descanso desejado, vivido em um lugar ameno (*locus amoenus*) onde reina a *mollitia*, a mansidão deliciosa, o refinamento no "limite do afeminado". Nós sabemos que consiste em um espaço imaginário onde acontecem ações sonhadas. Mas ele nos concerne, tamanho é o peso desse "*locus amoenus*" no imaginário ocidental. É o lugar da mansidão, onde se prova de um descanso precursor do sono. As sensações experimentadas pelos personagens, é evidente, influenciaram os sonhos dos leitores do Ocidente; em especial de todos os que, como Ronsard, evocaram o descanso na grama, ao pé das árvores, na proximidade das fontes.

A fim de tornar isso claro, citemos alguns trechos curtos das trocas entre os personagens: "Sentados sobre a grama agradável, cantai", exclama o pastor Palêmon na terceira bucólica. "Agora todo o campo e toda a selva afloram" (VIRGÍLIO, 2005, p. 33).

E Menalcas dirigindo-se a Mopso na quinta bucólica (VIRGÍLIO, 2005, p. 51):
> Teu canto é para mim, ó divino
> poeta,
> como o sono na relva ao exausto

Na sétima bucólica, Melibeu convida Dáfnis (VIRGÍLIO, 2005, p. 65):

> Se podes parar, descansa sob a sombra

E Córidon, presente, exclama (VIRGÍLIO, 2005, p. 69):

> Musgosas fontes, relva, a mais doce que o sono
> verde medronho, vós, que nos dais rara sombra,
> no solstício, acolhei a grei

Dámon, lê-se na oitava bucólica, deseja que Dáfnis "sucumba ao cansaço e se deite na grama"[29].

O mito do Vale do Tempe, desenvolvido nas *Geórgicas*, permanece o símbolo de todo lugar delicioso onde reina felicidade e tranquilidade;

---

29. O autor parece resumir a estrofe que, na tradução consultada, encontra-se plenamente desenvolvida, da seguinte maneira (VIRGÍLIO, 2005, p. 79): "Tome a Dáfnis o amor, como a rês que, cansada / da busca ao touro em meio a bosques e pastagens, / junto à beira do rio, em verde ulva deite-se, / perdida, nem lembrando o avanço da noite" [N.T.].

e o "velhaco afortunado" de Tarento, modelo da bem-aventurança, senão do descanso, é uma figura presente em muitos escritores do século XVI que vimos descrever ou desejar o recolhimento. O *otium*, ou o lazer ilustrado da Roma Antiga, praticado pela elite, não era um período de descanso propriamente dito. O exercício das magistraturas continuava presente, em segundo plano, nas preocupações dos indivíduos refugiados longe do senado, à imagem de Plínio, o Jovem, acomodado em sua casa de campo na Toscana. Isso posto, às vezes se manifesta nesse meio social o desejo de um tempo livre impregnado de descanso. A título de exemplo, lê-se nos epigramas de Marcial uma declaração de um amigo do autor em que se fala da aspiração a viver para si mesmo; o que podemos considerar como a expressão do desejo de um verdadeiro descanso:

> Se me fosse permitido, junto a Marcial, gozar contigo de dias tranquilos / ter tempo livre / ocuparmo-nos juntos da verdadeira vida / nós não conheceríamos nem as soleiras nem as moradas dos poderosos / nem os sombrios processos nem o triste fórum / nem os orgulhosos bustos de ancestrais; / mas os passeios, as conversas [...] / a sombra, a água pura, as termas / Tais seriam, sempre, nossos pontos de encontro e nossas ocupações / Mas, por enquanto, nenhum de nós vive para si mesmo (MARCIAL, 2020, p. 561).

É muito arriscado reduzir a alguns indivíduos o conjunto daqueles que falaram do descanso em meio à natureza. Eles são tão numerosos que uma vasta biblioteca, composta de obras redigidas por especialistas da história literária do sentimento da natureza, trata em abundância do assunto. Nós não as citaremos. Consideremos esse tema em visão panorâmica e em resumo, a fim de tornar compreensível, em linhas gerais, a evolução do sentimento, da sensação de descanso experimentada em meio a espaços naturais.

Nós escolhemos, para fazê-lo, duas experiências individuais: uma que aconteceu no Renascimento e foi contada por Ronsard; a segunda, a de Jean-Jacques Rousseau, quando do nascimento do que se caracteriza como "alma sensível", no século XVIII – experiência amplamente compartilhada naquele tempo e muito mais sutil do que a primeira.

Esse projeto, no que concerne a Ronsard, põe-nos diante de outro problema. Detectar as figuras do descanso experimentado em meio à natureza durante os tempos modernos e mensurar a novidade delas é um procedimento válido? Nós decidimos excluir os testemunhos da ficção romanesca, levando-se em conta as táticas de ilusão do verdadeiro que ela utiliza. Em poucas palavras, ela não é prova da emoção experimentada em meio ao círculo social descrito, contrariamente às diversas formas de escrita de si: diário, autobiografia, correspondência[30]... Mas como justificar o texto poético, uma vez que decidimos apresentar as figuras do descanso descritas por Ronsard (1993, 1994)?

É evidente que a redação de um poema responde, em primeiro lugar, a uma intenção literária; e seria possível pensar que isso desqualifica o conteúdo quanto a tudo o que diz respeito à história das práticas. Ora, não é tão simples. Certamente, quando Ronsard descreve as figuras do descanso de que desfrutou na relva de Gastine, nada prova que não seja obra apenas de sua imaginação. Talvez, efetivamente, não tenha experimentado esse tipo de descanso. Reconheçamos, contudo, parecer verossímil que

---

30. Nós nos explicamos sobre esse ponto em Alain Corbin (2011).

tais experiências tenham sido vividas. Sobretudo, trata-se para nós de identificar e apresentar as novas figuras do descanso e as circunstâncias e referências ocasionais que as expliquem. Que Ronsard tenha ou não deitado na grama não desqualifica o leque de emoções do descanso que apresenta; sua novidade, assim como o alcance de sua difusão, justificam integrá-lo a uma história do descanso.

Há, na obra de Ronsard[31], um dado que poderia surpreender, tratando-se de um cristão. Ele repisa o tema da decrepitude da velhice, que concebe como o vestíbulo da morte (RONSARD, 1993, p. 902):

---

31. Na ausência de uma tradução em português das obras completas de Pierre Ronsard (1524-1585), a tradução aqui proposta não deve ser tomada como uma interpretação minuciosa de sua urdidura poética, pois esta exigiria um trabalho à parte sobre a obra do autor. Aqui se propõe somente esclarecer o sentido dos versos, respeitando-se ao máximo sua lírica [N.T.].

O homem velho não pode andar,

Nem ouvir, nem ver, nem mastigar

É uma estátua esfumada

À beira da lareira[32].

Os velhos, com o peso dos anos, ficam (RONSARD, 1993, p. 902):

aleijados, estropiados, catarrentos, impotentes[33]

E, mais tarde, falando de si mesmo, Ronsard (1994, p. 1102) escreve:

Não tenho mais do que os ossos, um esqueleto pareço,

---

32. No original: "L'homme vieil ne peut marcher, / N'ouyr, ne voir, ny mascher / C'est une idole enfumée, / Au coin d'une cheminée".

33. No original: "perclus, estropiats, catarreux, impotants".

Sem carne, sem nervo, sem músculo, sem polpa,

Que o risco da morte sem perdão talhou,

Não ouso ver meus braços sem que de medo trema[34].

Esse retrato da velhice é muito distante dos pintados por Montaigne, assim como daqueles feitos pelos moralistas que evocamos. Ronsard não apresenta o fim mortal como o início de um descanso em Deus; à exceção do epitáfio da abadessa de Poissy (RONSARD, 1994, p. 951):

E que em pacífico e sonolento descanso

Possam dormir suas cinzas e seus ossos [...]

---

34. No original: "Je n'ay plus que les os, un squelette je semble, / Décharné, dénervé, démusclé, *dépoulpé*, / Que le trait de la mort sans pardon a frappé, / Je n'ose voir mes bras que de peur je ne tremble".

Ronsard (1994, p. 351) evoca muito raramente a salvação; nós só identificamos duas ocorrências da quietude, entre as quais o conhecido "durma em doce descanso"[35].

Sobretudo, em sua obra poética, não há esperança; o cadáver é, primeiro, massa inerte que perdeu qualquer sensação (RONSARD, 1993, p. 785):

Mas o corpo, comida de vermes,

Dissoluto em veias e nervos

Não é mais que sombra sepulcral

Não há mais espírito nem razão

[...] ele dorme

---

35. No original: "dormez en doux repos".

No oco de um túmulo oculto

Sem mais falar, ouvir nem ver[36].

E na *elegia* a Philippe Desportes (RONSARD, 1994, p. 416):

Deus só é eterno: do homem elementar

Não resta após a morte nem veia nem artéria:

E o pior, ele não sente, não raciocina mais,

Locatário descarnado de um velho túmulo recluso[37].

---

36. No original: "Mais le corps, nourriture à vers, / Dissoult de veines et de nerfs, / N'est plus qu'une ombre sépulcrale. / Il n'a plus esprit ny raison / [...] il dort / Au creux d'une tombe enfouye / Sans plus parler, ouyr ne voir".

37. No original: "Dieu seul est éternel: de l'homme élémentaire / Ne reste après la mort ni veine ny artère: / Qui pis est, il ne sent, il ne raisonne plus, / Locatif descharné d'un vieil tombeau reclus".

Ronsard dedica belas páginas à morte sem evocar orações, *ars moriendi* ou, é preciso repeti-lo, descanso eterno em Deus. Evidentemente, a Antiguidade bucólica ou a obra de Petrarca, nesse ponto, inspiram-no mais do que os teólogos. Restam a insistência no túmulo e a reiteração do desejo de que o seu e o de suas mulheres amadas fossem cobertos de relva. Nesse aspecto associam-se o descanso *post mortem* e a fascinação exercida pela natureza primaveril ao seu símbolo essencial.

Há um dado subalterno: Ronsard repete o quanto detesta o sono, "irmão da morte". Segundo sua experiência, é a antítese do descanso; daí seu horror da cama, que diz ser um teatro infernal do tédio; quando ele não está ali perturbado pelo amor (RONSARD, 1994, p. 325):

Para não me deitar eu procuro divertir

Eu leio algum livro, ou finjo compor, [...]

Ou só passeio e repasseio mais

Tentando enganar com a lembrança o tédio que me devora [...]

O leito me é um inferno, e penso que dentro dele

Semearam vermes ou cardos cortantes:

Agora de um lado, agora eu me viro

Sobre o outro chorando, e em nada resido[38]

---

38. No original: "Pour ne me coucher point je cherche à deviser, / Je lis en quelque livre, ou feins de composer, [...] / Ou seul je me promeine et repromeine encore, / Esseyant de tromper d'un souvenir l'ennuy qui me devore [...] / Le lict m'est un enfer, et pense que dedans / On ait semé du verre ou des chardons mordans: / Maintenant d'un costé, maintenant je me tourne / Desur l'autre en pleurant, et point je ne séjourne".

Resta a experiência daquele que, vivendo, deleita-se com o descanso na natureza; herança, nós repetimos, da sensibilidade antiga, bucólica mais do que arcádica – apesar do sucesso do livro de Sanazaro intitulado *Arcadia*. Ao longo de uma série de poemas que se reiteram, ele diz ter descansado e por vezes dormido na grama e na "esponjosa espessura"; seja a da floresta de Gastine, seja, mais precisamente, a que bordeia a fonte de Bellerie:

Escute-me, Fonte viva,

Em quem bebi tantas vezes

Deitado inteiro à tua borda

Ocioso ao frescor do Vento[39]

---

39. No original: "Escoute moy Fontaine vive, / En qui j'ay rebeu si solvente / Couché tout plat dessur ta rive / Oisif à la fraischeur du Vent".

Ou na "Ode à fonte de Bellerie" (RONSARD, 1993, p. 755):

No verão eu durmo ou descanso

Na tua grama, onde componho

Escondido sob teus salgueiros verdes[40]

E, a título de exemplo, no que concerne à Gastine (RONSARD, 1993, p. 703):

Deitado à sombra de teus galhos verdes

Gastine, eu te canto[41]

---

40. No original: "L'été je dors ou repose / Sur ton herbe, où je compose, / Caché sous tes saules verts".

41. No original: "Couché sous tes ombrages verts, / Gastine, je te chante".

E na ode 17, intitulada "À sua amante" (RONSARD, 1993, p. 705):

Para beber na grama macia
eu quero sob um loureiro me alongar
e quero que Amor com um raminho [...]
Levante no flanco seu vestido leve [...][42]

Vários motivos levam Ronsard a descansar nesses lugares; primeiramente, o desejo de acalmar a fadiga que lhe causa a redação de poemas. Ele prova do descanso após escrever demais, quando "seu espírito lhe assegurava nunca mais fazê-lo", "dando descanso a meu espírito extravagante"... (RONSARD, 1994, p. 692)[43].

---

42. No original: "Pour boire dessus l'herbe tendre / je veux sous un laurier m'estendre / et veux qu'Amour d'un petit brin [...] / Trousse au flanc sa robe légère [...]".

43. No original: "son esprit l'assurait de ne jamais plus ne faire", "donnant repos à mon fantasque esprit".

Sobretudo, Ronsard diz-se sensível ao frescor da grama e do vento. Próximo a uma fonte, o barulho do córrego lhe traz "um descanso do espírito". Sua escrita, às vezes, refere-se claramente ao *locus amoenus* virgiliano: a título de exemplo, a invocação de Córidon ou a comparação com Títiro (RONSARD, 1993, p. 706; 1994, p. 533). A isso se acrescenta, com uma intensidade particular, o caráter sensual do descanso na grama, por vezes lugar de amassos eróticos ou da recordação deles.

Nós negligenciamos, por termos tratado disso em outro lugar, os romances levemente posteriores, em especial *L'Astrée* [A Astreia] e o *Grand Cyr* [Grande Cyr], nos quais se multiplicam as cenas de descanso na grama. Mesmo que os escritos de Ronsard tenham uma intenção poética, ainda assim, até mesmo mais do que a escrita de si, eles são o testemunho de uma experiência que, provavelmente, não é apenas da ordem da ficção, como os romances citados.

Dois séculos mais tarde, lendo Rousseau, seja a *Nova Heloísa* (2006), seja *As confissões* (2018), seja, sobretudo, os *Devaneios de um caminhante solitário* (2022), o descanso na natureza reveste-se de outra intensidade, quanto mais não seja pela maior variedade das qualidades do descanso que se pode perceber ali.

Numerosos estudos foram dedicados às peregrinações e às estações de Jean-Jacques Rousseau em meio à natureza. Arriscando-nos a uma redução discutível, nós nos restringimos ao que concerne ao descanso. Nos textos consagrados que evocam esse objeto, *As confissões* e os *Devaneios de um caminhante solitário*, ele não corresponde a um simples tempo de ócio, ainda que Rousseau aluda às vezes ao *far niente*. O descanso implica, à leitura de Rousseau, a fuga para longe da agitação social, da "multidão inoportuna", a fim de se sentir plenamente tranquilo. O descanso, segundo ele, é experimentado no refúgio, em um abrigo; nesse caso, o oferecido pela natureza, depois que se "desapegou das paixões sociais":

> "De que gozamos em semelhante deleite?", escreve sobre o abrigo experimentado no interior de seu barco no lago de Bienne. "De nada exterior a nós, de nada além de nós mesmos e de nossa própria existência; enquanto dura esse estado, bastamos a nós mesmos, como Deus" (ROUSSEAU, 2022, p. 103).

O descanso, segundo ele, é um estado que faz parte de uma estratégia complexa: "Não é preciso nem repouso absoluto nem agitação em excesso, mas um movimento uniforme e moderado, sem solavancos nem intervalos [...] Se o movimento [do barco] é desigual ou forte demais, ele desperta; ao nos lembrar os objetos circundantes, destrói o encanto do devaneio" (ROUSSEAU, 2022, p. 103). A palavra fundamental desponta; segue-se a expressão da qualidade particular conferida ao descanso:

> O movimento que não vem de fora se produz, então, dentro de nós. O repouso é menor, é verdade, mas também mais agradável quando ideias ligeiras e doces, sem agitar o fundo da alma, não fazem, por assim dizer, senão aflorar a superfície. [...] Esse tipo de devaneio pode ser experimentado em todos os lugares onde se pode ficar tranquilo (ROUSSEAU, 2022, p. 103-104).

O descanso associado ao devaneio é um estado interior de que se desfruta em um lugar onde nada lembra a humanidade.

Sozinho, no meio do lago, escreve Rousseau (2022, p. 98), "deitado no barco com os olhos voltados para o céu, eu me deixava ir à deriva lentamente ao sabor das águas, às vezes durante várias horas". Destaquemos a postura adotada para facilitar o devaneio e traçar uma figura específica do descanso. À beira do lago, a situação bastava, ele acrescenta, "para que sentisse com prazer minha existência, sem o esforço de pensar" (ROUSSEAU, 2022, p. 100).

Para mim, chegamos com isso ao ponto essencial do que constitui a natureza do estado de descanso associado à liberdade do devaneio: "um estado simples e permanente que nada tem de intenso em si, cuja duração aumenta o encanto, a ponto de nele encontrar, por fim, a suprema beatitude" (ROUSSEAU, 2022, p. 101). Nesse sentido, o devaneio reata com a quietude num século em que, como mostrou Jean Deprun, o indivíduo sentia-se ameaçado pela multiplicidade das fontes de inquietude.

No decorrer da experiência vivida e relembrada por Rousseau, ritmada pelas sensações da natureza, particularmente as que são produzidas pela agitação do lago, uma disciplina impõe-se: a de criar um vazio em si mesmo, isto é, recusar-se aos "objetos dolorosos". Abandonar-se às sensações leves dos objetos da natureza circundante, sobretudo quando das paradas no âmago dos abrigos mais risonhos, suscita a tentação de um recolhimento sonhado, de um confinamento num lugar onde seria possível terminar os dias tranquilamente.

No relato da "Sétima caminhada", Rousseau escreve: "os campos, as águas, os bosques, a solidão, sobretudo a paz e o repouso – que se encontram em meio a tudo isso –, são incessantemente revividos por ele [o devaneio] em minha memória. Ele me faz esquecer as perseguições dos homens, seu ódio, seu desprezo". Transportado "em meio a pessoas simples e boas", a conjunção da paz e do descanso "me lembra não só de minha juventude e meus inocentes prazeres, faz-me desfrutar deles mais uma vez" (ROUSSEAU, 2022, p. 138-139)[44].

Essa alusão ao que participa do estoque da memória parece novidade na história das figuras do descanso.

Alain, num de seus *Propos* datado do dia 18 de janeiro de 1909, comenta a experiência do descanso vivida por Rousseau em seu barco. Ele designa, então, um dado que concerne ao conjunto deste livro. Segundo o filósofo, não há uma forma única de descanso, constante, no decorrer da vida. Rousseau, no lago, provou de um descanso que correspondia a uma etapa de sua existência marcada pelo desejo de fugir da agi-

---

44. Levemente modificado para seguir a versão do autor [N.T.].

tação social. Ele não teria, sem dúvida, provado desse tipo de experiência, com tanta intensidade, em um outro período de sua vida, particularmente em sua juventude, pontuada por longas caminhadas.

Alain, convidando a distinguir as diferenças que se estabelecem entre os modos de desejo e de experiência do descanso ao longo da vida, abre uma pista que supera a simples alusão que fizemos à especificidade do descanso desejado e vivido na idade longeva e em recolhimento. O estudo da tipologia designada por Alain permitiria aprofundar-se na história do descanso, mas reclamaria um imenso trabalho que supera nosso projeto.

O tempo feliz, de pleno contentamento e de descanso vivido por Jean-Jacques durante sua estada de dois meses à beira do Lago de Bienna, junto a contemplação da imensidão, harmoniza-se com uma eventual exacerbação da sensibilidade meteorológica, a que caracteriza o fim do Século das Luzes? Não parece. Rousseau, a quem devemos a famosa expressão, tão retomada, de "barômetro da alma", não aparenta sofrer nem se manter à escuta das relações que se atam entre as variações do clima e os descompassos do eu. Esse paralelismo, dia após dia, indicado e vivido mais tarde – e é apenas um exemplo – por um Maine de Biran, não está realmente presente na gama das emoções ditas por Jean-Jacques.

Ora, no extremo fim do Século das Luzes, essa ascensão do eu meteorológico não deixou de ter efeitos sobre as figuras do descanso, ou ao menos do recolhimento. Manter-se à parte dos tumultos da Revolução, à imagem de um Joseph Joubert, foi uma forma do recolhimento, da vontade de tomar distância do tumulto do acontecimento e refugiar-se na contemplação do céu.

Longe deste lugar de horror, deste abismo de males,

Eu iria, eu voaria para o colo do descanso[45]

Antítese do que diz Saint-Just, citado pelo *Larousse* em sua edição de 1905, e que defende o engajamento total: "O revolucionário não [...] deve descansar, senão na tumba".

Sigamos esse fio sob a forma da digressão. O século XIX foi, na França, marcado por rios de sangue, desordens, tumultos, sedições, revoltas, revoluções. Mal se notou a exacerbação, dados todos esses fatos de violência, de um desejo de

---

45. Esta citação, como todas as seguintes, foram extraídas do verbete "Descanso" em Bescherelle (1861).

descanso sentido, muitas vezes, pela população, de todas as classes. A insistência dos dicionários, especialmente o de Bescherelle, em sua edição datada de 1861, no âmago desse século, sobre a noção de "descanso político" é, quanto a isso, significativa; sentimento no mais das vezes negligenciado pelos historiadores por conta da primazia das referências à agitação.

Leiamos algumas definições desse dicionário. O autor do verbete enfatiza, de saída, a importância da noção de "descanso público", pois os povos apreciam "o descanso na política"; ele evoca a necessidade sentida durante a agitação de "restabelecer o descanso público", "que não se deve perturbar, em nenhuma circunstância". As formas de tumulto citadas são, primeiramente, "perturbação do descanso público". Em contrapartida, quando a agitação se acalma, todos pensam que "os povos vão provar de um profundo descanso". O tempo ideal é "quando o país está em um descanso completo, absoluto". Em harmonia com o que eu evocava sobre certos contemporâneos da Revolução, o autor do verbete escreve que, em períodos tumultuados, "o descanso é um refúgio". Ele enfatiza, nessa circunstância, o prazer de estar "no colo do descanso".

Voltemos à natureza. Nós nos lembramos que é na época em que Rousseau sonhava e descansava durante horas no fundo de seu barco sobre o lago de Bienna que foi criada a moda da praia que tomou a Inglaterra. Uma questão surge: o veraneio marítimo deve ser incluído na história do descanso? Pode-se afirmar que essa novidade transformou imediatamente a textura do descanso?

Penso que não. Consideremos contudo alguns argumentos que poderiam militar em favor dessa tese. Desde o imenso sucesso, no século XVII, da obra de Robert Burton dedicada à melancolia, um elo entre descanso e terapêutica tinha pouco a pouco se instalado. Inegavelmente, a onda do veraneio à beira do mar pôde se inscrever nessa perspectiva do tratamento da fraqueza nervosa que caracterizava o melancólico ou, mais amplamente, todos os que sofriam de *spleen*, sem esquecer os *invalids* (valetudinários), vítimas de um desregramento geral da saúde.

O descanso nas proximidades do beira-mar foi, para essas categorias reduzidas, considerado terapêutico. Esqueceu-se com muita facilidade que o veraneio dos ingleses à beira do Mediterrâneo e o descanso prescrito que o acompanhava precederam a invenção da praia e continuaram durante bons anos, paralelamente ao esplendor de Brighton e das estações do Canal da Mancha.

Desde o alvorecer do século XVIII, os clínicos ingleses recomendavam a estadia – e não o banho – nas cidades do sul da França. Tamanha era a onda dessa moda do veraneio que o termo *montpellier*, na Inglaterra, entrou na linguagem corrente para designar um local de descanso. O grande escritor Tobias Smollett redigiu, durante sua estada em Nice, um diário que constitui uma fonte importante da história desse veraneio associado ao descanso.

Já no século precedente, Burton tinha recomendado escolher Brighton para lutar contra a melancolia, passar uma temporada em um lugar onde era possível alegrar-se com a proximidade do mar. Incontestavelmente, durante a segunda metade do século XVIII, enquanto se desenvolvia com furor o veraneio terapêutico nas estações à beira-mar, havia na Inglaterra *invalids*, até mesmo melancólicos, que decidiam passar uma temporada na beira do mar – raramente nas estações da moda – e descansar ali.

Eu destaquei outrora o caso do Baronete[46] Torrington[47], ao qual devemos um magnífico diário redigido na Ilha de Man, onde tinha escolhido se instalar durante onze meses em 1789.

O baronete não tinha ido para se banhar ou para enfrentar as ondas. A cada dia, após ter examinado o tempo que fazia – pois é um adulto sensível ao clima –, ele passeia, procura os lugares onde as brisas marinhas mais suaves poderão lhe fazer sentir as mais sutis e, assim pensa, sa-

---

46. Na Inglaterra, título de nobreza intermediário entre barão e cavaleiro. Cf. verbete em *Dicionário Houaiss de Língua Portuguesa* (2001) [N.T.].

47. *The Torrington Diaries* (BYNG, 2022) e Alain Corbin (1989).

lutares sensações. Ao ir-se embora, recomenda aos *invalids* a temporada na Ilha de Man para descansar e, graças a poucos exercícios físicos conduzidos com método, revigorar-se. A leitura de seu diário permite distinguir as estratégias do descanso, conforme às práticas do veraneio descritas anteriormente, mas bem diferentes do que se recomenda na temporada terapêutica na praia, que devemos estudar agora.

Desde meados do século XIX, nós veremos, o descanso foi posto em oposição ao trabalho ordinário, identificando-se à cessação das atividades com o fim de curar o cansaço. Outrora, ele significava primeiro o afastamento da agitação, a quietude, o recolhimento em si para conhecer-se melhor, compreender-se e desfrutar da escuta de sensações agradáveis. Quando, no século XVIII, uma multidão de indivíduos instalou-se em meio às paisagens naturais, pode-se considerar que sua prioridade era buscar o descanso?

Naquele tempo, a aristocracia da Inglaterra georgiana experimentava a atração do campo. Durante uma estação inteira, longe do rei e da Corte – estimulada ademais por uma questão de economia –, ela se entregava, em suas casas e propriedades, à caça, a passeios a cavalo e a pé, herborizava às vezes na beirada das trilhas e, à noite, recebia convidados. Tudo isso evoca, de certa maneira, mais a transposição do *otium* antigo vivido com dignidade do que o resultado de um desejo de descanso.

Pode-se, por outro lado, considerar que a cura praticada na mesma época, ao longo das margens do mar, respondendo à terapêutica prescrita pelo doutor Richard Russell desde os anos 1750, pertence a nosso objeto, isto é, a história do descanso? Penso que não. Não nos enganemos com o deslocamento do terapêutico ao hedonista que se operou – lentamente – nas praias a partir dos anos 1860.

Antes dessa época, nada evocava nesses locais um descanso tal como descrevemos nem tal como pôde viver Rousseau. Brighton, a matriz, a estação modelo, era, socialmente, um decalque de Bath. Um mestre de cerimônias oficiava no cassino e ordenava as relações mundanas. A estação, como as que se escalonavam ao longo da costa, foi criada pela alta aristocracia, notadamente pelos irmãos de Jorge III. A chegada de membros dessa classe era anunciada nas gazetas, particularmente durante a "temporada". Em suma, a agitação social, de que procurava fugir Rousseau além-Mancha, reconstituía-se nesses lugares à imagem do que era na Corte. Significativo a esse propósito é o relato de um banho tomado por Jorge III em Weymouth, em 1789. Era uma cerimônia da qual participava uma turba de ninfetas. Na França, bem mais tarde, sob a Restauração, atraída pela duquesa de Berry, a Corte ia se reconstituir em Dieppe durante o verão.

Nesses lugares havia, além do mais, muitas práticas que eram contrárias ao descanso na quietude. A terapêutica prescrita pelo doutor Russell e seus discípulos inspirava-se na teologia natural. Ela apostava na potência e na imensidão do mar, considerado o supremo remédio. Nessa perspectiva, mal se falava em descanso. Destinada, antes de mais nada, às doenças de mulher e aos distúrbios glandulares, Russell tinha elaborado uma terapêutica fundada na comoção, na tensão das fibras, não na quietude e no relaxamento. A água a que conduzia banhistas, homens mas sobretudo mulheres, devia estar à temperatura de doze ou treze graus. Às mais ricas, aconselhava, antes do banho, derramar-se um balde de água do mar na cabeça. Em seguida, depois de ter sido levada em uma carruagem atrelada a cavalos, a banhista era mergulhada até o fundo, cabeça para baixo, por um guia banhista ajuramentado; prática qualificada como "banho de lama", que apostava na comoção, na tensão, antítese do descanso. Quanto aos homens, eles deviam praticar uma natação atlética, sem dúvida muito cansativa.

É claro que, à tarde, os médicos recomendavam um passeio curto nas dunas expostas ao vento. Mas à noite o cassino era permitido. Em suma, só podemos ter reservas quanto ao pensamento de inscrever um tal conjunto de práticas terapêuticas em uma história do descanso.

Tudo mudará, voltaremos a isso, quando chegar o tempo em que o ódio ao sol se ameniza, em que os maiôs se simplificam e, sobretudo, em que o olhar hedonista desenha a temporada na praia. Será preciso, para isso, esperar o extremo fim do século XIX e sobretudo o XX.

Mais próxima do descanso, inspirada pela moda da montanha lançada por Rousseau, é a cura pelo ar fresco, promovida no fim do Século das Luzes pelos médicos suíços, em especial por Tronchin. Poderíamos, com prudência, levando-se em conta a ameaça da fadiga, inscrever os passeios que a constituem, a vista de uma paisagem impressionante e a respiração em pleno vento em uma forma premonitória (cf. *infra*) de descanso; não obstante a frequente reprodução da agitação da vida social nesse meio.

9
O descanso da terra

O "descanso da terra" é, nós vimos, ordenado por Javé a cada sete anos e no shabat dos anos jubilares; em uma palavra, como o homem, a terra está submetida ao descanso. Pode-se ver nisso uma alusão à sua necessidade de repouso periódico chamado, no Ocidente, de tempo de pousio; esse não é nosso tema. Mas há outra forma de descanso que nos concerne: o que está ligado à sucessão das estações. Sabe-se a atenção que lhe dedicaram pintores e escritores do século XVII e sobretudo do XVIII.

O ritmo dos trabalhos agrícolas tornou-se objeto de descrições e de injunções incessantes desde a Antiguidade. E quanto, especificamente, às figuras do descanso em meio às populações dos trabalhadores da terra?

Pelo menos nos países temperados do Ocidente, o tempo invernal era de atividades reduzidas, sem, por isso, ser tempo de descanso tal como o concebemos. Com efeito, é evidente que as figuras do descanso eram então específicas a esse meio que evoco. Quanto a ele, é preciso dar provas de extrema prudência, pois extrema é a tentação de anacronismo. Seria um bom método histórico pesquisar sobre o descanso, como o entendemos, ao passo que não há certeza de que nesse meio o termo tenha tido o sentido que, espontaneamente, nós lhe damos?

Reflitamos! No mundo rural, o termo "descanso" revestia-se de uma dupla acepção. Em primeiro lugar, ele evocava o descanso eterno tal como o apresentamos: o réquiem entoado nas cerimônias funerárias e nas visitas aos cemitérios onde os ancestrais descansavam, assim como a escuta dos sermões consagrados a *ars moriendi*, constituía ocasiões em que se ancorava essa figura do descanso; sem dúvida mais intensamente em países protestantes onde a oração familiar era uma prática forte. Além disso, a cessação das atividades aos domingos, qualificada como "descanso dominical", constituía uma figura anexa e também de tonalidade religiosa.

Quanto ao resto, sejamos prudentes: o descanso, nesse meio, não era um valor em si mesmo. O ardor, a dedicação ao trabalho, o desprezo pela ociosidade, o ódio aos preguiçosos, aos "encostados", aos "imprestáveis", eram marcadores da estima de si e dos outros; e isso só podia conduzir a uma certa estigmatização do descanso. As sequências temporais de não trabalho – paradas nas estradas, conversas ao longo do caminho, à beira de um lote, no banco instalado diante da casa ou nas vigílias e todo tipo de reunião noturna – pertenciam à esfera da sociabilidade, da vizinhança, da distração ou da festa. O que nós tendemos a considerar como descanso não era, sem dúvida, nem percebido nem qualificado assim.

Na vida cotidiana, o primeiro dever das mulheres – fora recitar as orações – era "ocupar-se", sempre encontrar algo para fazer, mesmo tarefas ínfimas. As mulheres, que, frequentemente, tinham como missão manter a casa tão limpa e arrumada quanto possível, lavar e estender a roupa, alimentar as galinhas no poleiro, efetuar pequenas tarefas no jardim, por vezes alimentar o gado e, antes do mais, zelar pelas crianças pequenas e preparar as refeições, podiam medir a dificuldade dessas tarefas e, para "relaxar" – e não descansar –, realizar as tarefas mínimas: arrumar as roupas, tricotar etc. Chegada a velhice, a mulher podia se dedicar a essas tarefas minúsculas e à vigia das crianças até a fase terminal de sua vida. Quanto ao homem, uma vez velho, considerava questão de honra fazer ainda alguns serviços e atiçar o fogo que permitia esquentar a casa e cozinhar os alimentos.

Paremos com essas enumerações que não têm outro objetivo senão chamar a atenção para o risco, para o historiador, de procurar nesse meio as figuras de um descanso tal como o entendemos comumente. Eu arrisco que é apenas tardiamente, no curso de modificações lentas, até a mecanização e a motorização, que nossa concepção se impôs nos meios dos trabalhadores da terra.

Implicitamente, nesse mundo da terra, o sistema das tarefas levava em conta o grau de lassidão daquele que realizava os trabalhos mais pesados nos campos ou pradarias. É uma das razões pelas quais, à mesa, os homens permaneciam mais tempo sentados, eram servidos pelas mulheres e filhas, geralmente menos esgotadas pelos trabalhos que envolviam a força[48].

Reconheço, esse quadro é esquemático. Seu objetivo é, essencialmente, eu repito, advertir e promover a adoção de uma ótica compreensiva.

---

48. Eu constatei e escrevi sobre isso em minha tese chamada *Archaïsme et Modernité en Limousin au XIXe siècle* [Arcaísmo e Modernidade no Limousin no século XIX], reeditada em 2000.

10
Descanso dominical e "demônio do descanso"

Quem imagina que, durante séculos, o descanso dominical significava o cessar das atividades na perspectiva de uma restauração da força de trabalho comete um anacronismo absoluto.

É por isso que se faz necessário examinar essa referência ao descanso com um olhar de historiador. Em primeiro lugar, convém distinguir shabat rabínico e descanso dominical. O primeiro, do qual detalhamos as referências bíblicas que o constituem, em particular as que figuram no Gênesis, no Levítico e nos Números, celebra o descanso de Deus no sétimo dia. O descanso dominical, bem diferente, refere-se ao primeiro dia da Criação descrito no Gênesis, em que Deus criou a luz e, por antecipação, a ressurreição de Jesus; o que é celebrado pelo primeiro dia da semana, o domingo.

Aos olhos dos cristãos, o cessar das atividades designado pelos termos de descanso dominical visa permitir obter mais facilmente o descanso eterno em Deus, isto é, a salvação. O dia do Senhor não é tempo de ociosidade; esta não é mais do que a porta de entrada da tentação; ela só facilitaria as obras do demônio. O cessar das atividades permite ao fiel santificar – por tudo o que vamos detalhar – o tempo consagrado a Deus.

Desde 321, o Imperador Constantino instituiu por lei o descanso dominical, salvo os trabalhos agrícolas. Paul Veyne enfatiza, a propósito, que o ritmo de sete dias estava presente no mundo pagão. Por volta do fim do século IV, corridas de carros e espetáculos teatrais foram proibidos a fim de que a multidão pudesse ir escutar o sermão. Apesar disso, essa prescrição foi bem pouco respeitada. O Concílio de Laodiceia (364-381) proibia ao cristão permanecer ocioso no dia do shabat e ordenava-lhe trabalhar. Em contrapartida, ele deveria cessar sua atividade, na medida do possível, no dia do Senhor (domingo). Na sequência, uma série de concílios especificaram a lista de atividades que o fiel deveria deixar de praticar: essencialmente, além dos trabalhos da terra, tratava-se de atividades comerciais, atos judiciários e… a caça. A partir do século VI, acrescenta-se a obrigação de assistir à "oblação do pão e do vinho"; o que será chamado de missa[49].

Muito mais tarde, o concílio que ocorreu na catedral de Trento, de 1545 a 1563, em resposta à Reforma, desenha com mais precisão o sentido e as práticas do descanso dominical. Ele enumera os ofícios aos quais o católico deve assistir no dia do Senhor. No que nos concerne, o descanso é concebido como um tempo que possibilita ao fiel adquirir o alimento espiritual que lhe permitirá, graças à escuta dos sermões e das homilias e à recitação das orações, obter mais facilmente sua salvação. O descanso é aqui a condição de possibilidade de acesso à felicidade eterna, e não simples tempo em que as atividades cessam. Além

---

[49]. Sobre todos esses pontos, para maior precisão, ler a grande obra de Robert Beck (1997). Nós nos inspiramos estritamente nesse livro. No que concerne à Constantino, cf. os capítulos "Quand le monde est devenu chrétien" [Quando o mundo se tornou cristão] e, em especial, "Toujours le dimanche" [Sempre o domingo] em Paul Veyne (2020).

disso, os padres conciliares reiteram e precisam a abstenção de qualquer obra servil. À obrigação de assistir à missa acrescentam a recomendação de ir aos outros ofícios, principalmente às vésperas.

Logicamente, os padres conciliares proíbem, no dia do Senhor, espetáculos, danças públicas e festas em cabarés. O domingo, segundo o Concílio de Trento, implica também a abstenção de qualquer festa sagrada, particularmente o casamento. Em suma, está proscrito tudo o que poderia evocar um ócio diferente do que permite a santificação total do domingo. Robert Beck (1997, p. 61) cita, sobre esse aspecto, Pierre Collet: "*O demônio do descanso* é um dos mais perigosos [...] e a preguiça só produz pensamentos impuros". Tal concepção não evita a tensão, até mesmo a contradição, com o que vimos se desenvolver em Pascal, Francisco de Sales e muitos moralistas do século XVII, recomendando a meditação, a quietude, o descanso em Deus que os facilitam.

Robert Beck acrescenta que, nos discursos dos pastores fiéis às injunções do concílio, a necessidade de descanso sentida pelo indivíduo é sinal do estado de imperfeição que distingue o homem de Jesus. O descanso estaria reservado, devemos repetir, à vida no além-morte para aquele que soube obter a salvação e desfrutar dela na paz divina. Em uma palavra, acrescenta Robert Beck, nessa perspectiva – e isto é essencial – o descanso não faz parte dos bens terrestres.

Conforme essa mesma lógica, há no entanto uma forma de descanso que pode ser celebrada: a que consiste em visitar os cemitérios, locais de descanso dos ancestrais defuntos; o que constitui uma maneira de manifestar a comunhão dos vivos com os mortos. Além disso, quando o tempo integral do descanso dominical não for preenchido pela liturgia, o fiel poderá dedicar-se a leituras religiosas ou a atos de caridade.

Até meados do século XVIII, o sentido do domingo e do descanso dominical mal foi contestado. Assim, segundo o bispo de Séez, em 240 paróquias, entre as 272 de sua diocese, a assistência à missa era unânime (COLLET *apud* BECK, 1997, p. 35). Na paróquia de Lonlay-l'Abbaye, onde passei minha juventude, e que pertencia a essa diocese, o mesmo ocorria durante os anos 1945-1955. Melhor: eu me lembro de um velho padre rural, que tinha ido pregar naquela paróquia, garantir aos agricultores presentes que Deus destruiria suas colheitas se persistissem em trabalhar aos domingos.

A obsessão do clero era evitar que a tarde do domingo fosse completamente abandonada ao descanso, que fosse, por isso, o tempo de atividades recreativas – e mesmo festivas. Com efeito, o ideal aos olhos dos pastores era preencher o tempo de descanso com múltiplos exercícios religiosos. É assim que, na diocese de La Rochelle, o bispo prescreve em 1710: "É preciso que os padres ajudem os fiéis a ocupar o dia inteiro com exercícios de religião: oração da manhã, missa da paróquia, o sermão, uma instrução familiar, as vésperas, o catecismo, a oração da noite" (COLLET *apud* BECK, 1997, p. 61). O bispo veta tudo o que poderia se parecer com um tempo livre, uma ocasião de divertimento, o ócio; cabe ao padre impedir que o domingo seja tempo de descanso tal como o entendemos neste século XXI. Nesse aspecto, é simbólico o gesto de se adomingar; isto é, de vestir no dia do Senhor roupas radicalmente diferentes das usadas durante a semana, no curso de diversas atividades. Porém, uma vez mais, isso é sinal santo de não trabalho, não de descanso.

A partir de meados do século XVIII, mais precisamente da década de 1730-1740, segundo Robert Beck, inicia-se o declínio do modelo de santificação do tempo dominical e do descanso a ele associado. As primeiras vítimas desse processo foram as vésperas.

Paralelamente, cresce o progressivo questionamento da interdição do trabalho servil aos domingos; processo que prejudica a prática do descanso, obviamente. Na França, sob a Revolução, a história dessa prática revela-se muito irregular. A instauração do décadi, destinado a substituir o domingo, foi feita juntamente a uma estrita obrigação do descanso durante o novo dia. No dia seguinte ao Golpe de 18 Frutidor, Ano V, ela foi reiterada com mais firmeza. Bonaparte, Primeiro Cônsul, praticou, no início, uma política contrária. Retomamos uma formulação lapidar do jurista Portalis, de quem o Primeiro Cônsul solicitou conselhos: "É importante que o povo trabalhe", princípio que indica a hostilidade do governo ao descanso das populações trabalhadoras. Nessa perspectiva, o número de festas religiosas com feriado foi reduzido drasticamente a quatro (CORBIN, 1994). Mais tarde, em 1807, o imperador instaurou a liberdade do tempo no domingo; isso quer dizer que não era mais descanso obrigatório. Essa história movimentada do descanso regulamentado se chocou, aqui e ali, com a resistência dos paroquianos, particularmente nas paróquias rurais.

Ao mesmo tempo, um outro dado pesou progressivamente na história do descanso, alheio à regulamentação. Paralelamente à lenta secularização do domingo, ao desmoronamento do descanso dominical tridentino, à lenta progressão das atividades festivas praticadas aos domingos, para além de qualquer vontade de santificação do tempo, uma evolução realizava-se em meio à burguesia durante a segunda metade do Século das Luzes. Longe do descanso contemplativo e do descanso festivo e recreativo das classes populares, crescia então em meio à burguesia o desejo de uma vida privada, a prática do amor na vida doméstica; acentuava-se uma nova forma de sentimento familiar cujo eixo é a presença, a afeição, a educação dos filhos. Assim se desenha, nesse meio, uma nova gestão do tempo dominical que não se confunde com a secularização. Nós voltaremos a isso ao tratarmos do apogeu dessa "familiarização" do tempo dominical, em meados do século XIX.

Contudo, um outro processo prejudicava o respeito ao domingo pós-tridentino. No mundo dos trabalhadores, manifestava-se a exigência de um descanso festivo. É para satisfazer esse desejo que se instaura, por um tempo, a prática da Segunda Santa, dia de feriado que substitui o domingo, durante a qual era possível satisfazer o desejo de festas e distrações, o que se pode considerar como uma forma secularizada de descanso.

Durante a primeira metade do século XIX, a prática crescente dos jogos, das danças e das bebedeiras modificava o caráter sagrado do domingo; para desespero do clero, em especial no meio rural. Significativa quanto a isso foi a luta incessante do padre de Ars contra todas as atividades festivas dominicais em sua pequena paróquia, no momento dos ofícios religiosos. O santo padre via nelas a obra do demônio que, aliás, não cessava, dizia, de torturá-lo.

Em meados do século XIX, quando se abre, na França, o tempo de um renascimento católico marcado pela desaceleração do recuo da prática religiosa e simbolizado pelo sucesso das aparições de Maria, o aburguesamento e a "familiarização" das formas da prática acentuam-se. Assim, a "saída da missa" vai se tornando um tempo de sociabilidade e o almoço de domingo o momento de uma pequena festa familiar que precede ao passeio da tarde. Em suma, respeitado, o descanso de domingo convertia-se em um tempo tão recreativo quanto sagrado.

Paralelamente, nesse meio de burgueses e artistas, cresce paradoxalmente um tédio específico ao longo da tarde de domingo. O descanso provoca a pausa da "máquina urbana" então descrita, em Paris, por Maxime Du Camp. Baudelaire mostrou-se particularmente sensível a esse tédio dominical e, depois dele, muitos escritores e artistas de todo tipo. Aos olhos do estudante pobre descrito por Jules Vallès, desde 1860, o domingo tem "cor de tédio, de desespero e do nada". Seu personagem pergunta-se, nesse dia, "onde matar o tempo, ou degolar o tédio" (CSERGO, 1995, p. 131). Aos olhos do pedreiro migrante que, vindo da Creuse, interrompia seu trabalho no domingo, descansar era olhar em silêncio o Rio

Sena correr, sonhando com sua província natal, agora "província interiorizada".

Ninguém, no século XIX, declarou-se tão intensamente sensível ao tédio dominical quanto o poeta Georges Rodenbach. Vamos escutá-lo, como uma respiração no seio deste trabalho, dizer do sentimento negro que advém da escrita de si, ao qual dedica numerosas páginas. Nós nos contentaremos com alguns fragmentos breves; primeiramente o pavor do domingo, de seu descanso, de seu tédio ligam-se às lembranças da infância (RODENBACH, 2008, p. 240):

> O domingo é sempre tal como em nossa infância;
> Um dia vazio, um dia triste, um dia pálido, um dia nu;
> Um dia longo como um dia de jejum e de abstinência
> Em que a gente se entedia[50] [...]

---

50. Quanto à natureza da tradução proposta, cf. nota 31 [N.T.].

Em outro momento (RODENBACH, 2008, p. 241):

> Domingos de antanho! Tédio dominical!
> Onde os sinos, tilintando como em obséquios,
> Propagavam em nossa alma um medo de morrer.

Maneira de reatar com o réquiem e os horrores de sempre, Rodenbach dedica-se a definir com precisão a substância do descanso nesse dia de tristeza (RODENBACH, 2008, p. 240):

> Eis que o descanso dominical me assombra
> E já me parece um descanso amargo,
> Descanso nu de uma beira à partida do mar,
> Beira morta do longo domingo inacabável
> Que coagula ao longe seus silêncios de areia.

E Rodenbach (2008, p. 239-240) começa litanias sobre o que detesta:

> Domingo: impressão de estar em
>   exílio nesse dia,
> Longo dia que o desalento dos sinos
>   influencia,
> E incessantemente esse longo
>   domingo retorna!
> Ah! o triste buquê das horas do
>   domingo;
> É um triste buquê de flores que
>   lentamente
> Morre em um vaso d'água sobre
>   uma toalha branca...
> Me livrar, poderia? E evitá-lo,
>   como?
> Esse dia de semiluto de cores calmas
>   demais
> Em que meu coração ocioso se esvai
>   em meio às fumaças.
> Tenho dele a obsessão, tenho dele
>   medo, tenho dele frio

E retornando à evocação fúnebre:

> A languidez do domingo e seu tédio
>   taciturno

> Não é ser inapto à embriaguez de
> viver

Ou:

> O domingo é o dia em que se ouve
> os sinos!
> O domingo é o dia em que se pensa
> na morte!
> (RODENBACH, 2008, p. 239-240).

Seria precipitado dizer que o poeta simbolista perdeu qualquer referência à santificação do domingo. Ao contrário, é possível ler, em seus intermináveis escritos dedicados ao domingo, o lembrete da morte e a nostalgia do réquiem santo que, em outro tempo, eram-lhe associados. Nessa gama de emoções dominicais, o descanso enlaça-se ao tédio e refere-se ao réquiem antigo.

A coloração triste do descanso noturno, no domingo, faz-se um leitmotiv prolongado no século XX e traduz-se, então, no cinema e na canção. Acentua-se em particular, nesse dia de descanso, o tédio das crianças e dos indivíduos inclinados à tristeza. Vêm à lembrança, a propósito, as canções de Charles Trenet e de Juliette Gréco.

11
O cansaço e o descanso

Não se trata aqui de estudar o cansaço em si mesmo[51] e, menos ainda, a sobrecarga, mas somente de relacionar o cansaço ao descanso na perspectiva de sua história. Esse vínculo tem uma importância histórica essencial na medida em que, durante os dois últimos séculos, ele de-

---

[51]. No que concerne ao cansaço, remetemos ao livro magistral de Georges Vigarello (2022), *História da fadiga: da Idade Média a nossos dias*. Mais modestamente, no que concerne ao descanso, remeto ao capítulo inserido há tempos em *L'avènement des Loisirs* [O advento do lazer], intitulado: "La fatigue, le repos et la conquête du temos" [O cansaço, o descanso e a conquista do tempo] (CORBIN, 1995).

terminou a definição preponderante do descanso percebido como remédio para o cansaço.

Nós vimos que no decorrer do tempo essa associação não ocorria. Por muito tempo, a agitação, a inquietude e a preocupação apareciam como antagônicas a um descanso assimilado à quietude, à tranquilidade, em permanência ameaçadas pelo tédio e pela ociosidade, vestíbulos do pecado mortal da preguiça.

No século XIX, em meio às classes favorecidas, cultas, diante do progresso da revolução industrial que induzia a atenuação dos momentos de descanso e a intensificação do cansaço para os operários, desenvolvia-se um descanso intimamente ligado à vacuidade do tempo, inscrevendo-se na perspectiva de uma *re-création*[52]

---

52. O autor faz um trocadilho com a palavra "recréation", que significa "recreação", "recreio". Separando-se a primeira sílaba do restante da palavra, tal como está no texto, a "recreação" torna-se "re-criação" [N.T.].

de si e não da restauração da força de trabalho; ascensão da noção de tempo pessoal que não deixa de evocar um pouco os objetivos e práticas do *otium* antigo.

No que nos concerne, o importante nessa figura do descanso é o desejo de esquecer o tempo dos ponteiros para ser mestre do próprio tempo, "visando a uma expressão mais completa de si pelo corpo, pelos sentidos, pelos sentimentos, pela imaginação, pelo espírito"; intenção que inspira o desejo de descanso, de tranquilidade, de silêncio, de evasão; o cuidado em evitar tanto a ociosidade como o tédio com o auxílio de uma nova estrutura temporal, de uma revolução dos usos do tempo.

Esta se tornou, pouco a pouco, exigência fundamental no seio da burguesia. Muitas posições, muitas profissões – e, melhor ainda, a aposentadoria – permitiam a indivíduos controlar seu tempo, desfrutando de uma relativa liberdade com relação a encargos profissionais. A disponibilidade do tempo e o descanso induzido constituíam então um elemento determinante do estatuto social. Assim, a propósito de muitos indivíduos pertencentes às elites, pode-se falar de ócio satisfeito, de inatividade ostensiva.

O risco então denunciado é de que nesses meios a falta de ocupação batizada de descanso não conduza ao tédio, causa do cansaço cerebral, do amargor. Essa relativa vacuidade do tempo em certos estratos sociais, batizados por Stendhal desde 1838 – portanto bem antes de Veblen – "classe das pessoas do lazer", entra em uma história do descanso não submetida ao cansaço industrial. Tende-se a esquecê-la.

Nesse meio, muitos indivíduos só exerciam uma profissão liberal de fachada que não implicava o exercício assíduo do ofício; ou seja, a vacuidade do tempo lhes permitia amplas porções de descanso, frequentemente de descanso culto. Entre essas categorias pode-se citar os advogados de causas pouco numerosas, os médicos sem grande clientela, os magistrados gozando de lazeres extensos, os militares da antiga, os "industriais" que arrendavam suas fábricas...

O século XIX da revolução industrial é – ao menos em sua primeira metade – o momento em que muitos indivíduos das elites sociais, altas e baixas, desenvolviam-se, desfrutavam da vacuidade de seu tempo, descansavam. A isso se acrescentava a tentação de viver de renda, muito viva nesse tempo, à qual se associavam disponibilidade, vacuidade do tempo e modas de descanso seletas; seja os passeios lentos descritos por Balzac, que evoca os indivíduos desses meios e cujas caminhadas demonstravam que tinham tempo para si, seja os passeios esporádicos efetuados no seio de uma sociedade erudita local; sem esquecer a consulta alegre de suas próprias coleções ou, mais simplesmente, os prazeres da conversa. No que concerne às esposas desses indivíduos, o essencial era a prática ostentatória da inutilidade do tempo.

Vários escritores enfatizaram e por vezes exaltaram essa parcial vacuidade do tempo, essa experiência do vazio temporal, essa passividade do corpo e do espírito nas quais Joseph Joubert via, já no alvorecer do século, as condições de possibilidade do renascimento do eu.

Até meados do século XIX, na cidade e no campo – e em certos setores do artesanato até meados do século XX –, a divisão dos trabalhadores entre cansaço e descanso era sutil. O desprezo pela ociosidade, frequentemente qualificada como preguiça (cf. *supra* a propósito do meio rural), que reinava nesses meios, e a preocupação com o trabalho bem-feito levavam a negligenciar as referências ao descanso. Nem por isso este estava ausente, mesmo que "fazer nada" fosse dificilmente concebível. O tempo de trabalho do artesão, assim como, nós vimos, o do agricultor, não era pleno, cronometrado; era pontuado por microinterrupções da atividade. O indivíduo ao trabalho produzia seu próprio tempo no qual infundia o descanso. O tempo de trabalho alternava-se com muitas pausas, vividas em múltiplas ocasiões: refeição, sesta no momento das colheitas, deslocamentos, encontros, paradas para "beber um copo". Em suma, curtos instantes de descanso fragmentado insinuavam-se, sem sistematicidade, no seio do tempo do trabalho. Além do mais, esses tempos de descanso raramente eram individuais.

A primeira revolução industrial, a da máquina a vapor, modificou profundamente a história do descanso, ainda que a instilação tradicional de fragmentos de não trabalho no tempo de labor tenha perdurado em muitos setores. No ateliê mecanizado e, mais ainda, na fábrica, a exigência de exatidão reforçava-se; reinava ali um tempo de trabalho cronometrado. A duração das pausas estava definida sem que subsistissem os breves momentos de descanso tradicionais, sub-repticiamente instilados no trabalho. Nesses lugares, a liberdade de um tempo de descanso qualquer via-se eliminada pelo ritmo das máquinas; além disso, impunha-se um recuo das lentidões. Novas formas de cansaço apareceram, consequências da regulação do tempo de trabalho, do desaparecimento dos interstícios nos quais o descanso podia, outrora, insinuar-se.

A partir dos anos 1870 cresce, no Ocidente, a denúncia dos malefícios do esgotamento, dos riscos, da sobrecarga, do cansaço nervoso e cerebral[53], assim como a reivindicação de um des-

---

53. Cf. Georges Vigarello (2022). O capítulo 23 propõe longos desenvolvimentos sobre a invenção da sobrecarga intelectual e escolar, o cansaço mental e intelectual, o esgotamento nervoso, a neurastenia...

canso capaz de embarreirar a proliferação desses malefícios fisiológicos e psicológicos. Esse movimento multiforme funda então a necessidade da restauração periódica das forças e da preservação das energias. Uma nova ciência fisiológica e psicológica do trabalho se desenvolve.

O estudo do cansaço industrial conduz a medir e promover o tempo mínimo de sono, de distração e, no que nos concerne, de descanso. A história do descanso, seja coletivo, seja individual, muda radicalmente quando cresce a reivindicação do tempo livre, calculado diferentemente conforme cada caso. O conjunto desses dados tende então a eliminar as ricas representações históricas do descanso. Foi nesse contexto que os Estados europeus implementaram leis reguladoras da relação entre cansaço e descanso, particularmente as que impuseram o descanso dominical, qualificado, em certos casos, como semanal a fim de satisfazer os anticlericais.

Aos poucos, o cálculo das temporalidades ganha em precisão. Nos Estados Unidos, nasce a reivindicação fundada no cálculo dos "três-oito"; isto é, a divisão do tempo de vida entre oito horas de sono, oito horas de trabalho e oito horas de descanso.

Impõe-se assim uma revolução na história do descanso. A partir de então, ele não é mais tempo escolhido, quietude, olhar para si mesmo, e sim simplesmente espaço temporal legalizado; o que suscita desde logo o rebaixamento de tudo o que tinha feito a importância e a riqueza da história do descanso. Nesse sentido, o cansaço, a sobrecarga, suas consequências no estado cerebral etc., de certo modo, secaram, aplainaram, simplificaram a história do descanso. Foram bem inúteis, a esse respeito, os esforços dos fiéis com vistas a manter o caráter sagrado do descanso, sua nobreza e sua capacidade de desenvolver a energia pessoal, o olhar para si mesmo.

Resta que, ao mesmo tempo, foi avivada, favorecida pelo estudo da fisiologia e da psicologia do descanso, uma atenção crescente para o valor terapêutico do descanso; é o que devemos considerar agora.

Eis que a ciência – o que é essencial no quadro do nosso projeto – considera, analisa e fragmenta os elementos de um descanso que não é mais aquele percebido e defendido durante séculos.

O descanso acede ao estatuto de necessidade natural detalhada e fragmentada. A aritmética do descanso torna-se essencial em função de uma multiplicidade de visadas. Nesse quadro se lê, na enumeração dos benefícios do descanso, um processo de reestruturação, de apaziguamento, de revivescência. O descanso protege do vício, dos males então considerados flagelos sociais – causadores de degenerescência –, em especial os malefícios do alcoolismo e, sobretudo, nós veremos, da tuberculose. Nesse contexto, a noção de descanso ganha importância e amplitude inéditas.

Esses são alguns dos elementos desse período, o qual me seria tentador caracterizar como "grande século do descanso". Eles se estendem em um tempo no qual, é preciso repetir, empobrecem-se, até mesmo apagam-se suas antigas riquezas.

Pode-se ir mais longe. O Doutor Charles Féré, um dos papas da degenerescência naquele final do século XIX, confere ao descanso o poder de diminuir o número de suicídios e de crimes e até mesmo... de facilitar a poupança. Tudo isso revela o desejo de lhe atribuir uma grande importância no contexto de uma moral laicizada, quando sua virtude de santificação é atacada.

Concluindo este capítulo, podemos afirmar que no final do século XIX o descanso situa-se no mais profundo da cultura. Ele reúne em feixe as noções de cansaço, de saúde, de bem-estar. Ele participa da reflexão sobre os flagelos sociais. Ele assombra os anticlericais. Ele invade o campo da moral. Então se dá o período de maior reflexão sobre a natureza, o estatuto do descanso desde o século XVII. E ainda não dissemos nada sobre um outro dado que funda o seu valor: a simultaneidade dos descansos reforça a coesão social e contribui para o florescimento da vida familiar.

Não é por isso que se pode calar o fato de que, ao mesmo tempo, aos olhos de alguns, particularmente atentos aos benefícios do trabalho, o descanso, disponibilidade temporal de si mesmo, suscitava ou estimulava o medo obsessivo da perda.

12
O descanso terapêutico do fim do século XIX a meados do século XX

Havia, anteriormente, dois modos de descanso ligados à saúde: aquele, evidente, cuja necessidade era sentida e prescrita em uma convalescência e o que nós evocamos a propósito dos melancólicos e *invalids*. A novidade entre o fim do século XIX e meados do seguinte foi a especificidade do descanso prescrito aos doentes assolados por um dos flagelos sociais que inspiravam terror, isto é, a tuberculose.

A partir de meados do século XIX, como mostrou Pierre Guillaume (1986) em seu grande livro dedicado à história dessa doença, a certeza do contágio da tuberculose foi ficando cada vez mais intensa. A pesquisa sobre o agente de transmissão – bacilo de Koch, descoberto em 1882 – e os remédios foi desde logo muito ativa; e a gama dos produtos que deveriam combater a doença, voltarei a isso, não parou de crescer. Todavia, o descanso é reputado o mais eficaz. Por outro lado, isolar os tuberculosos impôs-se pouco a pouco como medida social salutar; donde a criação do que se tornou, por muito tempo, o templo do descanso: o sanatório.

Tem-se dificuldade em compreender, hoje, a intensidade da cruzada antituberculose. Durante os anos 1940, as crianças das escolas, e eu fui uma delas, ainda faziam o porta a porta a fim de vender aos moradores "selos antituberculosos". Sua intensidade superava a da cruzada contra o alcoolismo. Além do mais, o risco de degenerescência figurou por muito tempo no horizonte dessa dramaturgia.

O sanatório, templo do descanso, tal como triunfou, herdava em parte de ancestrais distantes a exaltação do descanso em meio à natureza e a moda da "cura pelo ar", prescrita no fim do século XVIII, antes da exaltação da exposição do corpo ao sol. Esta se seguia ao ódio que o sol antes inspirava, especialmente nos meios médicos, por muito tempo ciosos de preservar os pacientes de seu ardor julgado nefasto (cf. GRANGER, 2013).

A nova visão dos benefícios do sol incitou, primeiramente, a construção de sanatórios à beira do mar; fidelidade à crença antiga no valor terapêutico do mar. Mas, bem rápido, a montanha destacou-se como lugar privilegiado; foi ali que se multiplicaram o que qualificamos como templos do descanso. A altitude, a qualidade do ar respirado, os benefícios reconhecidos do sol somavam-se, pensava-se, aos benefícios do descanso prescrito aos doentes ali confinados.

A fim de conter o contágio, especialmente entre familiares, é o descanso em um sanatório que, durante mais de meio século, alimentou a maior esperança de cura.

Renunciei, repito-o, a utilizar a literatura romanesca (cf. *supra*) como prova da prática. Façamos, contudo, uma exceção. Entre os muitos livros dedicados ao sanatório ou em que ele constitui o quadro – que se pense em *A montanha mágica* de Thomas Mann (2016) –, distingue-se o romance de Paul Gadenne (1974) intitulado *Siloé*. Com efeito, ao lê-lo, percebe-se que ele testemunha em parte de uma verdadeira escrita de si. Por duas vezes o autor foi confinado em uma dessas casas. O que ele escreve sobre o sanatório e o descanso ali imposto é, nesse livro, de uma verdade gritante.

É envolvente, primeiramente, a evocação dos lugares desse confinamento sanitário onde reinava o descanso. O quarto individual, a neutralidade do colorido de suas paredes, a estilização de seus móveis, o silêncio ambiente, a ausência de visitas além de uma velha enfermeira autoritária e a escansão prescrita do emprego das horas desenham uma forma de descanso medicalizado de um rigor até então inédito; o qual inspira uma forma de terror no recém-confinado. Nesse estabelecimento, Gadenne (1974, p. 110) faz um dos personagens dizer, "vive-se entre muitos, mas pensa-se sozinho".

Novidade para a maioria dos doentes, na janela desenha-se uma paisagem montanhosa cujos cumes distantes se iluminam, em certas horas, dos ardores do sol. Nesse templo, o descanso reveste-se de uma textura particular: é difícil desfrutar verdadeiramente dele durante a maior parte do dia, levando-se em conta a iluminação permanente e uma gama de barulhos externos produzidos por atores invisíveis.

No decorrer de dias longos, um tempo forte impõe-se: o da "cura silenciosa do descanso". Ele deve ser total, universal, durante as duas primeiras horas da tarde, isto é, durante o que os funcionários qualificam como "horas da cura". Paul Gadenne (1974, p. 135) percebeu nesse tempo "uma conspiração de todos os silêncios, [...] ao longo desses corpos estendidos"; até que, brutalmente, estoure a campainha assinalando o fim da "cura do descanso", que as portas batam e que se ouça as degringoladas nas escadas. As duas horas de descanso total, silencioso, acrescenta Paul Gadenne (1974, p. 134), eram os momentos em que a doença "se afirmava de forma inelutável".

Nos sanatórios, é o descanso o remédio por excelência. Para falar a verdade, havia outros: os sais de ouro, os sais de cal, a tuberculina, o creosoto, a água do mar, a mostarda irradiada; panóplia aqui destinada em prioridade aos casos julgados muito graves, senão de desenganados. "Uma boa cura", uma "boa curazinha" era, segundo os médicos, o descanso da tarde no quarto ou em um divã, acompanhado do cuidado com o peso nas manhãs de pesagem. É isso que, em primeiro lugar, convinha, pensava-se, à maioria dos tuberculosos.

Quando sua saúde melhorava, dava-se aos doentes a permissão de instalarem-se em um dos pavilhões dispersos atrás do estabelecimento principal. A partir de então, eles podiam fazer passeios na pradaria circundante. O confinamento abrandava-se até o dia tão esperado da partida; que era dia de festa.

Em meados do século XX, começou o declínio dos sanatórios. Após a Segunda Guerra Mundial, a difusão dos antibióticos – em primeiro lugar o emprego da Isoniazida – tornou o sanatório obsoleto. A revolução foi, contudo, de lenta instauração. Os sanatórios sobreviveram por mais tempo do que poderíamos pensar. Além dos antibióticos, os médicos continuaram a prescrever aos pacientes que sofriam de tuberculose horas de descanso, estimadas indispensáveis para uma cura total.

Notemos, para terminar, que esse remédio contra a tuberculose, por muito tempo triunfante, não foi promovido com o mesmo vigor, longe disso, no combate à ameaça dos outros "flagelos sociais". O tratamento da sífilis, mesmo na forma extrema do tabes, a dos que sofriam de heredossífilis – doença aliás imaginária –, ou o dos alcoólatras, mesmo os que sofriam periodicamente do "*delirium tremens*", não implicavam a intensidade do descanso recomendado aos tuberculosos; e o teatro organizado pelo Doutor Charcot na Salpêtrière visando ao tratamento das mulheres histéricas não se baseava no descanso, ainda que algumas delas estivessem de cama.

No mais, poderíamos evocar – no que diz respeito à medicina do século XIX – os conselhos dados aos impotentes – e também a suas esposas – quanto ao recurso a temporadas de descanso no campo.

Conclusão

Seria possível, à primeira vista, considerar o descanso no Ocidente uma noção imutável desde que os estoicos da Antiguidade fixaram seus traços. Mas, terá sido compreendido, isso é falso. Suas figuras não pararam de evoluir no curso dos séculos. Desde o triunfo do cristianismo, tratou-se essencialmente de descanso eterno. O fiel visa desde então, antes de tudo, à salvação e ao *requiem aeternam* que deve acompanhá-lo. A relação com o cansaço não é levada em conta. Sobre esta terra, a quietude, o descanso em Deus são repisados pelos místicos. Desde a

Idade Média, aquele que permanece inerte ao longo da vida, que não tenta elevar sua alma, está ameaçado pelo pecado e pela *acedia*.

Lendo os moralistas dos séculos XVI a XVIII, o antônimo do descanso não é o cansaço, mas a agitação. Estar em repouso é, antes de mais nada, fugir e, no fim da vida, considerar, organizar um retiro que seja de descanso. Quanto aos trabalhadores da terra, eles seguem então, em suas atividades, os ritmos da natureza. O que é caracterizado como descanso dominical – herança dos shabats bíblicos, codificado pelos concílios, especialmente o que ocorreu em Trento – significa antes de tudo viver um tempo totalmente consagrado a Deus.

No século XVIII, as táticas pastorais do descanso refinam-se, a ascensão do sentimento do eu enriquece os tempos de um descanso ainda concebido como momento de meditação, e vê-

-se despontar então a importância terapêutica do descanso. Todas as formas de cura estão acompanhadas do repouso prescrito. No entanto, o ponto não é lutar contra o cansaço, mas sim lutar contra doenças – cuidadosamente detalhadas – ou visar à restauração de um estado geral de boa saúde nos convalescentes ou valetudinários; sem esquecer o descanso na natureza prescrito aos melancólicos por Robert Burton no século XVII.

Paralelamente, o descanso na natureza é exaltado, no Renascimento, pelos escritores que se referem ao idílio antigo, às *Bucólicas* de Virgílio ou aos sonetos de Petrarca; até que Rousseau não elabore novas formas de descanso experimentadas no curso de suas vagabundagens ou de suas caminhadas de sonhador solitário.

No século XIX, cansaço e descanso associaram-se mais intimamente, sem que por isso o laço entre descanso e terapêutica tenha se desfeito, ao contrário. O descanso torna-se, desde então, uma injunção nas escolas como nas fábricas. Ele entra na lista das reivindicações prioritárias. Torna-se um objeto político, e uma série de leis lhe são dedicadas no Ocidente.

No decorrer do século XX, a necessidade do descanso muda de natureza aos poucos: o cansaço psíquico tende a monopolizar sua urgência. Quase não se fala mais de descanso, senão em momento de relaxamento; o que acaba por substituir o cansaço por uma tensão ou um mal-estar, a exemplo do burnout.

Nós abandonamos essas variações com a evocação do grande século do descanso que culmina – e termina – no fim dos anos 1950; década do "sea, sex and sun", da moda das licenças remuneradas e do triunfo do flerte, outro símbolo desse tempo, que impunha uma forma suave do desejo e da relação sexual nascida a bordo dos transatlânticos e nas cidades à beira d'água no fim do século XIX.

Então, os amassos dos jovens não assumiam ainda as formas tumultuosas que se desenvolveram a partir dos anos 1960; depois o grande século do descanso cessou de outras maneiras. Ao longo do litoral, o leque das práticas amplia-se. O desenvolvimento dos esportes náuticos que utilizam o vento prejudica o descanso físico simbolizado pelo bronzeamento imóvel; e muitas outras práticas ativas destroem a precedente hegemonia das formas de um descanso cada vez mais antiquadas.

O lazer substitui o descanso. Ele ocupa seu tempo. Ele invade seu espaço.

Lentamente, longínquas herdeiras daquelas que tinham sido destinadas a lutar sucessivamente contra a melancolia, o *spleen*, a neurastenia e a sobrecarga das forças físicas, novas formas de descanso terapêutico desenham-se. Elas visam aliviar todo tipo de mal, inclusive os designados como burnout, cuja definição social ainda está em curso. Mas isso ultrapassa o projeto do historiador, que é compreender o passado e evitar o anacronismo.

O desejo simples de descanso no seio da natureza diminuiu com a onipresença das ciências e das técnicas do descanso? Evidentemente, a resposta é negativa. Encerrando essas variações, citemos para coroá-las a fascinante experiência vivida por Francis Ponge durante os últimos anos de sua vida, dedicados à "fabricação do campo"; simplesmente porque, segundo ele, esse espaço de verdura era o lugar de descanso por excelência. "Quando olhamos para ele", escreve, "parece que nele deitamos". Nessa "praia vegetal, fresca, suave, fértil", símbolo do renascimento primaveril, tudo parece "uno, simples, igual, contínuo" e sobretudo "repousante". "O prado [...] estendido horizontalmente sob nossos olhos para nosso relaxamento" é a campina de "nosso descanso", "lugar de lazer eterno" (PONGE, 2002 p. 425-561)[54]. Ali se interrompe nosso trabalho, como um ponto final que termina um livro.

---

54. As citações foram retiradas das páginas 451-452, 478 e 500.

Referências

BECK, R. *Histoire du dimanche*: de 1700 à nos jours. Paris: Éditions de l'Atelier/Éditions Ouvrières, 1997.

BESCHERELLE, L.-N. *Dictionnaire universel de la langue française*. Paris: Garnier Frères, 1861.

Bible de Jérusalem. Paris: Éditions du Cerf, 2001.

Bíblia Sagrada. 52. ed. Petrópolis: Vozes, 2008.

BOSSUET. *Œuvres*. Paris: Gallimard, 1961 (Bibliothèque de la Pléiade).

BYNG, J. *The Torrington Diaries*: Containing The Tours Through England And Wales. [*S. l.*]: Legare Street Press, 2022.

CHAUNU, P.; ESCAMILLA, M. *Charles Quint*. Paris: Fayard, 2000.

CHAUNU, P.; ESCAMILLA, M. *Charles Quint*. Paris: Tallandier, 2013.

CHAUNU, P.; ESCAMILLA, M. *Charles Quint*. Paris: Tallandier, 2020.

CHEVALIER, J.; GHEERBRANT, A. *Dicionário de símbolos*. 16. ed. Trad. V. Costa. Rio de Janeiro: José Olympio, 2000.

CORBIN, A. *Archaïsme et Modernité en Limousin au XIXe siècle*. Limoges: Presses Universitaires de Limoges, 2000. 2 vols.

CORBIN, A. La fatigue, le repos et la conquête du temos. *In*: CORBIN, Alain (dir.). *L'Avènement des loisirs 1860-1960*. Paris: Aubier, 1995. p. 276-298.

CORBIN, A. Les historiens et la fiction. Usages, tentations, nécessité…. *Le Débat, Histoire, Politique, Société*, n. 165, p. 57-61, maio/ago. 2011.

CORBIN, A. Paris-province. *In*: NORA, P. (dir.). *Les Lieux de mémoire*. Paris, Gallimard, 1993, vol. III, t. II. p. 777-823.

CORBIN, A. Portalis, lettre au Premier consul, 1806. *In*: CORBIN, Alain. *Les Cloches de la terre*:

paysage sonore et culture sensible dans les campagnes au XIXe siècle. Paris: Albin Michel, 1994. p. 119.

CORBIN, A. *Território do vazio*. Trad. P. Neves. São Paulo: Companhia das Letras, 1989.

CSERGO, J. Extension et mutation du loisir citadin. *In*: CORBIN, Alain (dir.). *L'Avènement des loisirs 1860-1960*. Paris: Aubier, 1995. p. 119-168.

D'AVILA, T.; CROIX, J. *Œuvres*. Paris: Gallimard, 2012 (Bibliothèque de la Pléiade).

DELUMEAU, J. *História do medo no Ocidente*: 1300-1800. São Paulo: Companhia das Letras, 2009.

DELUMEAU, J. *O pecado e o medo*: a culpabilização no Ocidente (séculos 13-18). Trad. A. Lorencini. Bauru: Edusc, 2003. 2 vols.

DELUMEAU, J. *Uma história do paraíso*: o jardim das delícias. Lisboa: Terramar, 1994.

DEPRUN, J. *La Philosophie de l'inquiétude en France au XVIIIe siècle*. Paris: Vrin, 1979.

Dicionário Houaiss de Língua Portuguesa. Rio de Janeiro: Objetiva, 2001.

DIDEROT, D. *Œuvres*. Paris: Gallimard, 1951 (Bibliothèque de la Pléiade).

GADENNE, P. *Siloé*. Paris: Éditions du Seuil, 1974.

GONTCHARÓV, I. *Oblómov*. São Paulo: Companhia das Letras, 2020.

GRANGER, C. Le soleil, ou la saveur des temps insoucieux. *In*: CORBIN, Alain (dir.). *La Pluie, le Soleil et le Vent*: une histoire de la sensibilité au temps qu'il fait. Paris: Aubier, 2013 (Collection Historique). p. 37-68.

GUILLAUME, P. *Du désespoir au salut*: Les tuberculeux aux XIXe et XXe siècles. Paris: Aubier, 1986 (Collection Historique).

TERESA DE JESUS. *Livro da Vida*. Petrópolis: Vozes, 2011. 2 vols.

JOUBERT, J. *Carnets*. Paris: Gallimard, 1994a, t. I.

JOUBERT, J. *Carnets*. Paris: Gallimard, 1994b, t. II.

LA BRUYÈRE, J. *Les Caractères*. Edição de Emmanuel Bury. Paris: L.G.F., 1995.

LA ROCHEFOUCAULD, F. *Œuvres complètes*. Paris: Gallimard, 1964 (Bibliothèque de la Pléiade).

LA ROCHEFOUCAULD, F. *Reflexões e máximas morais*. Trad. Alcântara Silveira. Rio de Janeiro: Ediouro, s.d.

Le Trésor de la langue française informatisé. Nancy: Atilf/CNRS; Universidade de Lorraine, 1994. Disponível em: http://www.atilf.fr/tlfi. Acesso em: 26 abr. 2023.

MAISTRE, X. *Voyage autour de ma chambre*. Paris: Flammarion, 2003 (GF).

MANN, T. *A montanha mágica*. São Paulo: Companhia das Letras, 2016.

MARCIAL. *Épigrammes*. In: HEUZÉ, Philippe (dir.). *Anthologie bilingue de la poésie latine*. Paris: Gallimard, 2020 (Bibliothèque de la Pléiade). p. 561.

MILTON, J. *Le Paradis perdu*. Trad. Chateaubriand. Paris: Gallimard (NRF), 1995.

MILTON, J. *O Paraíso perdido*. Trad. D. Jonas. São Paulo: Editora 34, 2020.

MONTAIGNE, M. *Ensaios*. Trad. A. Milliet. São Paulo: Abril Cultural, 1972.

MONTAIGNE, M. *Essais*. Paris: Gallimard, 1950 (Bibliothèque de la Pléiade).

Moralistes du XVIIIe siècle. Paris: Robert Laffont, 1992, p. 247.

MARGARIDA DE NAVARRA. *L'Heptaméron*. Paris: Gallimard, 2000 (Folio).

PASCAL, B. *Œuvres complètes*. Paris: Gallimard, 1954 (Bibliothèque de la Pléiade).

PASCAL, B. *Pensamentos*. Trad. S. Milliet. São Paulo: Abril Cultural, 1984 (Os Pensadores).

PONGE, F. *La fabrique du pré*. Paris: Gallimard, 2002, t. 2 (Bibliothèque de la Pléiade).

RODENBACH, G. *Œuvre poétique*. Paris: Mercure de France, 2008, t. I.

RONSARD, P. *Œuvres completes*. Paris: Gallimard, 1993, t. I (Bibliothèque de la Pléiade).

RONSARD, P. *Œuvres completes*. Paris: Gallimard, 1994, t. II (Bibliothèque de la Pléiade).

ROUSSEAU, J.-J. *As confissões*. 4. ed. Trad. W. Lousada. Rio de Janeiro: Nova Fronteira, 2018.

ROUSSEAU, J.-J. *Devaneios do caminhante solitário*. Trad. J. Freitas e C.A. Reis. São Paulo: Unesp, 2022.

ROUSSEAU, J.-J. *Julia ou a Nova Heloísa*. São Paulo: Hucitec, 2006.

ROZEAUX, S. Le hamac. *In*: SINGARAVÉLOU, Pierre; VENAYRE, Sylvain. *Le Magasin du monde*. Paris: Fayard, 2020. p. 385-389.

FRANCISCO DE SALES. *Œuvres*. Paris: Gallimard, 1969 (Bibliothèque de la Pléiade).

SÉVIGNÉ, Madame de. *Correspondance*. Paris: Gallimard, 1974, t. II (Bibliothèque de la Pléiade).

VALÉRY, P. *Œuvres*. Paris: Gallimard, 1957, t. I (Bibliothèque de la Pléiade).

VEYNE, P. *Une insolite curiosité*. Paris: Robert Lafont, 2020.

VIGARELLO, G. *História da fadiga*: da Idade Média a nossos dias. Petrópolis: Vozes, 2022.

VIGARELLO, G. Le fauteuil. *In*: Singaravélou, Pirre; Venayre, Sylvain. *Histoire du monde au XIXe siècle*. Paris: Pluriel, 2019. p. 644s.

VIRGÍLIO. *Bucólicas*. Belo Horizonte: Tessitura/Crisálida, 2005.

VIRGÍLIO. *Bucoliques, Géorgiques*. Paris: Gallimard, 1997 (Folio Classique).

Conecte-se conosco:

- **f** facebook.com/editoravozes
- **⊙** @editoravozes
- **🐦** @editora_vozes
- **▶** youtube.com/editoravozes
- **☎** +55 24 2233-9033

www.vozes.com.br

Conheça nossas lojas:

www.livrariavozes.com.br

Belo Horizonte – Brasília – Campinas – Cuiabá – Curitiba
Fortaleza – Juiz de Fora – Petrópolis – Recife – São Paulo

EDITORA VOZES LTDA.
Rua Frei Luís, 100 – Centro – Cep 25689-900 – Petrópolis, RJ
Tel.: (24) 2233-9000 – E-mail: vendas@vozes.com.br